U0942274

亂世中的天國子民

一個創造神學的析讀

God's People in a Chaotic World

張祥志 著

基道出版社

▼

信念再思叢書

亂世中的天國子民

一個創造神學的析讀

God's People in a Chaotic World

作者

張祥志 Edwin Cheung

責任編輯

張碧嘉、吳國雄

裝幀設計

奇文雲海．設計顧問

■

出版／發行

基道出版社

香港沙田火炭坳背灣街 26 號富騰工業中心 10 樓 1011 室

LOGOS PUBLISHERS

Unit 1011, 10/F, Fo Tan Ind. Centre, 26 Au Pui Wan St., Shatin, Hong Kong

電話：(852) 2687-0331　傳真：(852) 2687-0281

網址：https://www.logos.com.hk

承印

海洋印務有限公司

●

3/2021 初版

Cat. No. LP948

ISBN: 978-962-457-614-6

Printed in Hong Kong

刷次	10	9	8	7	6	5	4	3	2	1
年份	2030	2029	2028	2027	2026	2025	2024	2023	2022	2021

目錄

contents

序

亂世中的信仰定位 / VII

01 創造 *Creation*

亂世中的安息
——從勞役到釋放？ / 001

02 秩序 *Orderness*

亂世中的神聖子民
——子民的社會參與？ / 027

03 恢復 *Restoration*

無情世界中的憐憫
——善待弱勢羣體？ / 057

04 平安
Shalom

天國子民的平安與暴力
——我來不是叫地上平安？ / 089

05 得勝
Triumph

亂世中的十架力量
——得勝罪惡的權勢？ / 115

06 盼望
Hope

亂世中的終末盼望
——患難逼迫中的黎明？ / 143

代跋

「凡動刀的，必死在刀下」
——一個對暴力的高貴節制 / 163

序

亂世中的信仰定位

基督教常給人的感覺很「離地」，只關心屬靈的事，不關心世界的事。傳統信仰教導我們在世只是過客，不應專注地上物質的生活，信徒應專心傳使人得救的福音，不應關心社會的問題。這些二元對立的信仰觀讓今天身處亂世的信徒及非信徒對基督教愈來愈抗拒，因為它不能對應我們的現實處境，對回應亂世的指導能力十分薄弱，也與聖經不少具體教導互相違背。這些屬靈屬世二分的觀念之所以出現，當然受著很多哲學思潮的影響，在此不多累贅，但對筆者來說，這些「傳統」信仰觀缺乏了「創造神學」的角度，是導致今天信仰「離地」的其中一個主因。

仔細探究，聖經所關注的其實不單是「拯救」，更是「創造」。聖經不是由出埃及記開始，而是由創世記開始的。「救恩」只不過是人類犯罪墮落後，上帝透過拯救去回復原初創造的狀況，救恩是為回復創造而被設立，是創造這主題下的一個分題。因此，創世記一至二章上帝的創造心意才是整部聖經的「定海神針」。

若世界由上帝所創造，而祂對世界有其美好的心意，希望人類在祂所創造的世界活得美好，那麼，我們其實不用太過刻意區分宗教與世俗、屬靈與屬世這些層面。上帝創造人類，希望人類在地上過美好的生活，這就是信仰，也是生活；就是屬靈，也是屬世。不論你是不是基督徒，只要你是人類一員，就應該按這創造的心意來生活，因此，創世記用了「亞當」（*ʾāḏām* 原文意思是「人類」）作為起初故事的主角。在創造之中，只有人類是按上帝的形象受造，有上帝的形象，只是人類後來犯罪，失卻了上帝的形象。若要界分，所謂基督徒，就是透過相信及跟從耶穌基督這「末後的亞當」去做回一個真正的人；而不信的人，就是不願意做一個上帝起初所期望的人。不論基督徒或非基督徒，上帝對「人類」的期望都是一樣。如果要說何謂「屬靈」，這回復原初創造的秩序，包括做回一個人，就是聖靈一直在做的工作，就是屬靈。

在創造中，上帝創造了一個世界給人類在當中生活，人類就在這世界大地中按上帝心意生活，這就是美好，就是安息。正因為人類活動的場景就是大地，因此，上帝很關心地的秩序，如何在這大地活出上帝的心意亦成了整部聖經的主題。上帝對世界大地的具體心意，仔細記錄在各項誡命、律例、典章中，當中涵涉人類生活的各個層面：社會、家庭、禮儀等等。而貫穿誡命的，正是「行公義、好憐憫」的精神，就如新約聖經所說：「因為全律法都包在『愛人如己』這一句話之內了」(加五 14)。而耶穌基督的拯救，也同樣一脈相承地成全這精神：「莫想我來是要廢掉律法和先知，我來不是要廢掉，乃是要成全」(太五 17)。若誡命、律例、典章是上帝對世界的創造秩序內涵，那麼，這些誡命、律例、典章就應該是人類的「普世價值」，因為上帝創造世界時，同時創造了這些秩序，讓人在當中可以活得美好。因此，作為基督徒，從來不是我們跟從現代世間的標準，而是世界跟從我們的標準，因為我們所擁有的，才是上帝創造這世界的原意。既然整部聖經都關注著上帝的子民如何在大地生活的事情，為何我們的傳統信仰又會對這大地顯得漠不關心呢？若上帝不想我們關心大地，那為何祂又創造世界，讓人類千百年來在這大地上生活呢？祂直接將人類放進終極的天國豈不更好？這樣看來，這種「離地」的信仰與聖經所關注的實在相去甚遠。

人類的罪性千百年來已根深柢固，彷彿有了「罪惡DNA」一樣。要在這邪惡淫亂的世代叫人回轉，回復到原初的創造秩序，實在是一件極艱辛之事，一方面內在的罪惡本性會讓情況更加惡劣，另一方面外在的打壓更會使人恐懼戰兢，灰心喪志。上帝一直期望祂的子民可以遵守祂的話語，將這大地回復到創造時美好的秩序，可是子民的表現卻差強人意，整部舊約聖經只見證著子民種種的失敗悖逆。直至耶穌基督來到，將律法及先知的精神成全過來，並以最大的勇氣，面對十字架死亡的脅迫，仍不屈不撓地將這天國的價值體現出來，又以復活去戰勝邪惡勢力，以致跟從祂的人可以藉著祂，無畏無懼地繼續將天國延伸擴展，讓大地回復美好秩序，才讓人可以做回一個真正的人。無疑，逼迫是可怕的，打壓是恐怖的，但耶穌基督藉著死亡及復活，叫跟從祂的人得著勇氣及盼望，並教導他們如何面對當前的患難，這是聖經給我們的教導。

身處邪惡的世代，很多信徒不知如何自處，無奈、疑惑、沮喪、忿怒、失望等情緒紛紛湧上心頭，不知如何面對。盼望本書能給大家一些聖經信仰上的定位，讓我們清楚明白上帝對大地秩序的心意，對人類生命的期望；又讓我們能夠得著對自身處境的理解、對邪惡根源的認知、對上帝計劃的透視、對將來盼望的肯定等，使我們更有力量回應眼前的亂世，並切切實實做好一個「人」！

本書一至四章的底本，曾收入香港神學院及基道出版社聯合出版的「當代教會課題研討」系列出版，如今因應時代需要、當下的處境而作出修改、重編，再加上新撰寫的第五、六章，盼能提醒信徒在亂世中更要抓住上帝的應許。每章加入反思問題和實踐思考，盼信徒能聽道、行道，活出上帝對人類的心意。

張祥志

01 創造
Creation

亂世中的安息
——從勞役到釋放？

要　實踐

安息日的　意義，

我們

得　先明白　上帝的

創造　心意，

若只死守安息日的字面規條，
而扭曲上帝原初的心意，一切都只是徒然！

上帝創造世界的最終目的是要讓人在地上活得圓滿美好，而「圓滿美好」正是「安息」最核心的內涵。「亂世」往往使人跌進恐懼、失落、徬徨、焦慮、仇恨之中，這正與「安息」的理想背道而馳。想知道如何在亂世中回復生命的圓滿美好，認識安息日便是首要的事情。

一、對安息日的刻板印象？

提到安息日，一般基督徒的印象不外乎：（一）六日工作疲倦，所以上帝吩咐人要休息，恢復體力，繼續工作；（二）安息日與基督徒沒多大關係，因為這只是耶和華與以色列人所立的約，而不是與我們這些外邦基督徒所立的約。基於此，第四誡「當守安息日」對基督徒並不適用，因此基督徒只需守十誡中的九誡，毋須在星期五傍晚至星期六黃昏甚麼都不作，照樣可以“thank God it's friday”。可是，這樣看待安息日只流於「景點式」的理解，就像跟旅行團去外地旅遊一樣，乘坐旅遊車到某個景點，遊覽二十分鐘，拍些照片，買些紀念品，然後又上車到下一個景點觀光，結果所認知的只流於一些表面印象，而對當地真正的風土人情或文化生活卻只得一知半解。

中文「安息」一詞有安靜、休息的意思，但同時也有「死亡」之意，如「安息主懷」，故此有時會使人混淆不清。那麼，聖經中的「安息」又是甚麼意思？「安息」（*šāḇaṯ*）這詞在舊約聖經出現至少一百六十次，其基本意思是「停止」、「止息」或「終止」。但是，這「停止」所蘊含的內涵實指甚麼？上帝為何要吩咐人停止工作？而停止工作的目的又是甚麼？這一章嘗試用舊約「創造神學」[1]的角度去探討「安息日」的意義。

二、猶太人對安息日的重視

舊約聖經記載了很多關於安息日的「吩咐」，如在安息日不准收集食物（出十六 29～30），不准收割（出三十四 21），不准在住處生火（出三十五 3），不准耕種田地及修理葡萄園（利二十五 4），不准撿柴（民十五 32～36），不可作買賣（摩八 5），要記念安息日，守為聖日（出二十 8；申五 15），要刻苦己心（利十六 31，二十三 27、32），要將火祭獻給耶和華（利二十三 27），要把油與陳設餅擺列在上帝面前（利二十四 5～9），要獻素祭及燔祭（民二十八 9～10），祭司要穿上細麻布的聖衣，行贖罪之禮，也要在至聖所和會幕與壇行贖罪之禮，並要為眾祭司和會眾的百姓贖罪（利十六 32～33），要將安息日守為聖會（利二十三 3、27）等。對於猶太人來說，安息日的吩咐更是神聖不可侵犯，因為出埃及記三十一章 13 至 17 節耶和華對以色列子民這樣說：

「你們務要守我的安息日；因為這是你我之間世

> 世代代的證據，使你們知道我耶和華是叫你們成為聖的。所以你們要守安息日，以為聖日。凡干犯這日的，必要把他治死；凡在這日做工的，必從民中剪除。六日要做工，但第七日是安息聖日，是向耶和華守為聖的。凡在安息日做工的，必要把他治死。」故此，以色列人要世世代代守安息日為永遠的約。這是我和以色列人永遠的證據；因為六日之內耶和華造天地，第七日便安息舒暢。

由於以色列人將這約視為永遠的約，而且內容又十分嚴峻——「凡在安息日做工的，必要把他治死」，故此猶太人便為「工」這生死攸關的字眼下了一些定義，根據米示拿（*Mishnah*）*Shabbath* 7:2 的記載，他們把「工」分為三十九項：織縫、耕犁、收割、捆扎、打穀、揚穀、挑選莊稼、碾磨、篩、推拿、焗、剪羊毛、洗羊毛、打羊毛、染羊毛、紡線、編織、打兩個繩圈、編織兩種線、分開兩種線、綁繩、解繩、縫兩針、撕開以致縫兩針、設陷阱捉鹿、屠宰鹿、剝鹿皮、醃鹿、醫治鹿皮、刮鹿、切鹿、寫兩個字母、擦去兩個字母以致寫兩個字母、建築、拆毀、滅火、點火、用鎚子擊打及將物件從一個地區運到另一個地區。[2] 猶太人定立這些標準是為了竭力避免去作「工」，以致得罪耶和華，招致死亡的懲罰。

雖然以上經文記載了很多關於安息日的吩咐，米示拿亦定立了作工的範疇，但這一切都只是指出安息日的可作與不可作，或要作與不要作，卻沒有解答安息日的意義是甚麼，或人為甚麼要守安息日等問題。

要知道安息日的意義，或許我們可從兩段「十誡」對安息日吩咐的經文——出埃及記二十章 8 至 11 節及申命記五章 12 至 15 節，探討安息日的真正意義。

三、第四誡：當記念安息日——記念從混亂回到秩序之創造圓滿

1. 出埃及記的第四誡

按出埃及記記載，以色列民在埃及受法老勞役，他

們的哀聲達到耶和華面前，耶和華呼召摩西帶領以色列人離開埃及，而當中以十災作為手段。及至過了紅海，耶和華終於把子民從邪惡的法老手中拯救出來。然而故事並未結束。耶和華在西奈與子民立約，立約的內涵就是十誡。十誡中的第四誡正是要祂的子民記念安息日：

> 當記念安息日，守為聖日。六日要勞碌做你一切的工，但第七日是向耶和華你上帝當守的安息日。這一日你和你的兒女、僕婢、牲畜，並你城裏寄居的客旅，無論何工都不可做；因為六日之內，耶和華造天、地、海，和其中的萬物，第七日便安息，所以耶和華賜福與安息日，定為聖日。（出二十8～11）

這裏的吩咐很清楚，就是六日要做工，[3]第七日無論何工都不可作；原因亦很清楚，就是耶和華六日創造天地萬物，第七日便安息了。與本章前文出埃及記三十一章有關安息日的引文的講法一致，上帝與以色列人立安息日為永遠的約的原因也是「因為六日之內耶和華造天地，第七日便安息舒暢」(出三十一 17)。但是，耶和華為何在第七日安息，這裏卻沒有清楚交代，如果要知道箇中原因，我們必須回到創世記一章 1 節至二章 3 節來了解。

A. 創世記二章 1 至 3 節的安息

先從結論說起，上帝六日創造天地萬物，上帝看這些創造都是好的(創一 4、10、12、18、21、25)，而在第六日的創造中上帝看著一切所造的都甚好(創一 31)。第二章一開始便說：

> 天與地與一切萬軍都完成了。上帝在第七日完成祂的工，就是祂所作的，並在第七日從祂一切的工停止〔安息〕，就是祂所作的。上帝祝福第七日，並使它為聖，因為在它，祂從祂一切的工停止〔安息〕，就是上帝創造去作的。(創二 1～3，筆者翻譯)

這裏清楚給我們看到，上帝從一切的工停止(安息），並不是祂創造得很疲倦，所以要休息，也不是作事要有「工作—休息」的時間格式，而是「天與地與一切萬軍都完成了」，「上帝在第七日完成祂的工，就是祂所作的」。也就是說，上帝停止（安息）是因為祂已經「做無可做」，因為一切都變得甚好，一切都變得圓滿，所以便停工安息。換句話說，**上帝停止工作最核心的意義不是「休息」，而是「圓滿」**，一切都變成最美好的狀態。同時，上帝「祝福第七日，並使它為聖，因為在它，祂從祂一切的工停止（安息），就是上帝創造去作的」。

然而，這都只是關於安息日的結論——創造已經圓滿，所以上帝停工安息。但在這「圓滿」之前是一個怎樣的狀態？這狀態又如何達至「圓滿」的地步？這便要回到創世記的開始。

B. 六日創造的過程

「起初，上帝創造天地」（創一 1）是整個創造故事的標題。當時還未有天和地，因為天要到第二日（創一 8）才出現，地則要到第三日（創一 10）才出現，而「天地」在這裏只是象徵整個世界。創世記一章 2 節是描述上帝未創造之前的狀態——「地是空虛混沌，淵面黑暗」，然後「上帝的靈運行在水面上」。上帝的靈運行在水面上是創造的開始，但在創造以先，已經有一些東西存在：空虛混沌的地、淵面及黑暗。聖經這裏沒有交代這空虛混沌的地、淵面及黑暗從何而來，或是否上帝創造，它只強調上帝的創造是從這些已存在的東西開始。[4]換句話說，聖經強調的創造不是「從無變有」（*creatio ex nihilo*），而是「從有到有」的一個過程。可是，這「從有到有」又是一個怎樣的過程？

起初地是「空虛混沌」。從以賽亞書三十四章 8 至 15 節及耶利米書四章 23 至 27 節，我們可以得知「空虛混沌」是指一片混亂及荒涼的狀態。[5]「淵面」是指包圍著地球的大水深淵，而這深淵對希伯來人來說是邪惡的象徵。而「黑暗」也是上帝創造世界之前的狀態。當上帝的靈發動創造的時候，六日的創造便展開。

我們稍為留心的話，便不難發現，最初六日的創造描述是有明顯結構的：上帝第一日創造光(創一 3～5)，第四日創造光體（創一 14～19）；第二日在諸水之間創造空氣，水分上下（創一 6～8），[6]第五日創造天空中和海中的生物（創一 20～23）；第三日創造陸地及植物（創一 9～13），第六日創造地上的生物及人類（創一 24～31）。這由六日構成的三組創造，正針對著未創造之前的三個問題：空虛混沌的地、淵面及黑暗。第一及第四日的光及光體處理黑暗的問題；第二及第五日的空氣與天和海的生物處理淵面的問題；而第三及第六日的陸地與地上的生物及人類則處理空虛混沌的地的問題。[7] 本來是混亂邪惡黑暗的地和深淵，經過上帝的靈的創造，現在變成一個井井有條、界限分明、各從其類的秩序世界。再者，我們可以看到，整個創造的過程都是以「區分」作為重點：光／暗（創一 3～4）、晝／夜（創一 5）、天上的水／天下的水（創一 6）、水／旱地（創一 9）、大光／小光（創一 16）、各從其類（創一 11、12、21、24、25）、晚上／早晨（創一 5、8、13、19、23、31）、男／女（創一 27）。區分的目的自然是為了「秩序」。故此，「從混亂變成秩序」才是聖經中「創造」的核心主題。**如果六日創造的主題是「從混亂變成秩序」，那麼安息日就是這創造的圓滿、完全、和諧、秩序的高峯象徵，而守安息日就是為了記念這個「從混亂到秩序」的過程。**[8]

2. 申命記的第四誡

申命記的十誡中，守安息日的原因跟出埃及記的記載，思維也相似：

> 當照耶和華你上帝所吩咐的守安息日為聖日。六日要勞碌做你一切的工，但第七日是向耶和華你上帝當守的安息日。這一日，你和你的兒女、僕婢、牛、驢、牲畜，並在你城裏寄居的客旅，無論何工都不可做，使你的僕婢可以和你一樣安息。你也要記念你在埃及地作過奴僕；耶和華你上帝用大能的手和伸出來的膀臂將你從那裏領出來。因此，耶和華你的上帝吩咐你守安息日。（申五 12～15）

這裏的吩咐：「六日要勞碌做你一切的工，但第七日是向耶和華你上帝當守的安息日，這一日你和你的兒女、僕婢、牛、驢、牲畜、並在你城裏寄居的客旅，無論何工都不可做，使你僕婢可以和你一樣安息。」基本上與出埃及記的第四誡一樣；但守這安息日的原因，則與出埃及記的有所不同：「你也要記念你在埃及地作過奴僕，耶和華你上帝用大能的手和伸出來的膀臂，將你從那裏領出來。因此，耶和華你的上帝吩咐你守安息日」（出二十9）。出埃及記強調記念上帝七日創造的過程，申命記則強調記念上帝拯救子民出埃及的過程。若從「創造神學」的角度出發，出埃及事件其實也是上帝在子民身上「從混亂到秩序」的創造工作。[9]

整個出埃及事件的起始在於「以色列人生養眾多，並且繁茂，極其強盛，滿了那地」（出一7），而這「生養眾多，並且繁茂，極其強盛，滿了那地」正是上帝在創造時對人類的祝福（創一28，十七2～6，四十七27），也是上帝叫亞伯拉罕的後裔成為大國這應許的實現（創十二2，十五1～5）。可是，上帝這創造的祝福卻成為埃及王法老的威脅，以致法老要勞役甚至殺害以色列民，令他們無法壯大。換句話說，法老王是反創造力量的象徵人物。出埃及事件就是在這「創造」與「反創造」的對峙下開始的。

為了將以色列人從埃及的空虛混沌狀況下拯救出

來，耶和華用了十災作為拯救的方法。十災其中一個很重要的特性就是其「反創造」的性質：在創造時自然界的生物各從其類，井然有序，十災卻令所有生物完全混亂失控，秩序蕩然無存；創造時是人類管理動物昆蟲，十災卻是動物昆蟲來擾亂人；創造時上帝將光和暗分開，十災中的黑暗之災卻回復創造之前的黑暗狀態；創造時上帝祝福人類生養眾多，殺長子之災卻是將人生命斷絕……到過紅海一幕，其創造與反創造的特性更明顯可見。對於以色列人，耶和華所作的是創造的行動，祂用雲柱將以色列人從埃及人分別出來，一邊發光，一邊黑暗（出十四 19～20），這正與上帝創造世界時將光暗分開遙遙呼應（參創一 3）。又例如當摩西向紅海伸杖，耶和華便用大東風使海水一夜退去，水便分開，海就成了乾地，以色列人下海中走乾地，水在他們的左右作了牆垣（出十四 21～22）。這裏的「風」原文是 *rûaḥ*，也正是創世記一章 2 節中上帝的「靈」（*rûaḥ*），現在同樣的 *rûaḥ* 展開「創造」工作，將海水和陸地分開，也呼應著創世記中「天下的水要聚在一處，使旱地露出來」（創一 9～10）。對於埃及人，耶和華所作的卻是反創造的行動，耶和華從雲火柱中向埃及的軍兵觀看，使埃及的軍兵「混亂」了，又使他們的車輪脱落，難以行走（出十四 24～25）；然後，耶和華吩咐摩西向海伸杖，叫水仍合在埃及人並他們的車輛及馬兵身上，到天一亮，海水便仍舊復原，水就回流，淹沒了車輛和馬兵，以色列人卻在海中走乾地，水在他們的左右作了牆垣（出十四 26～29）。[10] 凡此種種，我們都可看見以色列人出埃及是一個與「創造」息息相關的過程。不論是申命記的安息日誡命，還是出埃及記的安息日誡命，都是基於同樣的觀念，**就是記念上帝「從混亂到秩序」的創造過程，目的是讓世界及祂的子民得享上帝創造的「圓滿」，讓他們的生活可以「安息舒暢」**。

四、安息日：律法的終極指向及其精神總和

值得留意的是，出埃及並非耶和華「創造」子民的目的，耶和華拯救子民最終是要他們進入那流奶與蜜的應許之地，讓他們能過一個有秩序及圓滿的生活，使他們在那地得享安息。可是，當時迦南地卻住了許多信奉異

教及敵擋上帝的民族，原本美好的應許之地，因他們的邪惡變得「空虛混沌」。在這情況下，子民如何扭轉這狀況，實現安息日的「圓滿」理想？在「五經」中，上帝對以色列子民有關秩序的最清楚、最具體的吩咐，莫過於祂的「律法」。上帝向以色列子民頒佈誡命、律例、典章是為要讓他們在迦南這充滿邪惡混沌的大地，建立一個有秩序、合神心意、上帝看為是好的世界。而透過遵行上帝仔細吩咐的律例，子民延續上帝創造的工作，繼續將大地「從混亂變成秩序」，讓子民可以幸福過活，豈不正是安息日的核心目的？安息日與誡命、律例、典章的關係如此密切，難怪舊約中大量經文都將安息日與律法相提並論：

> 你也降臨在西奈山，從天上與他們説話，賜給他們正直的典章、真實的律法、美好的條例與誡命。又使他們知道你的安息聖日，並藉你僕人摩西傳給他們誡命、條例、律法。（尼九 13～14）

這樣，我〔上帝〕就使他們出埃及地，領他們到曠野，將我的律例賜給他們；將我的典章指示他們；人若遵行，就必因此活著。又將我的安息日賜給他們，好在我與他們中間為證據，使他們知道我耶和華是叫他們成為聖的。以色列家卻在曠野悖逆我，不順從我的律例，厭棄我的典章（人若遵行就必因此活著），大大干犯我的安息日。（結二十 10～13）

因為他們厭棄我的典章，不順從我的律例，干犯我的安息日。（結二十 16）

我是耶和華你們的上帝，你們要順從我的律例，謹守遵行我的典章，且以我的安息日為聖。這日在我與你們中間為證據，使你們知道我是耶和華你們的上帝。只是他們的兒女悖逆我，不順從我的律例，也不謹守我的典章（人若遵行就必因此活著），干犯我的安息日。（結二十 19～21）

因為他們不遵行我的典章，竟厭棄我的律例，干犯我的安息日，眼目仰望他們父親的偶像。（結二十24）

在你中間有輕慢父母的，有欺壓寄居的，有虧負孤兒寡婦的。你藐視了我的聖物，干犯了我的安息日。（結二十二7～8）

其中的祭司強解我的律法，褻瀆我的聖物，不分別聖的和俗的，也不使人分辨潔淨的和不潔淨的，又遮眼不顧我的安息日；我也在他們中間被褻慢。（結二十二26）

有爭訟的事，他們應當站立判斷，要按我的典章判斷。在我一切的節期必守我的律法、條例，也必以我的安息日為聖日。（結四十四24）

謹守安息日而不干犯，禁止己手而不作惡；如此行、如此持守的人便為有福。（賽五十六2）

> 那些謹守我的安息日，揀選我所喜悅的事，持守我約的太監，我必使他們在我殿中，在我牆內，有記念，有名號，比有兒女的更美。（賽五十六4～5）

根據上面的經文，我們可以看見這樣的邏輯：不順從律例，不謹守典章，就是干犯安息日；藐視上帝的聖物，就是干犯祂的安息日；祭司不分別聖俗及潔與不潔，就是不顧上帝的安息日；揀選上帝所喜悅的事，持守祂的約，就是謹守安息日。或許我們可以說：**安息日其實是所有誡命、律例、典章的終極指向，也是其精神的總和。**透過上帝仔細的吩咐，讓子民可以在生活各個層面中建立一個有秩序、合祂心意、祂看為是好的世界。不遵守上帝的誡命，也就是棄絕安息日。

五、安息日：從勞役到釋放

若安息日的理想就是讓空虛混沌的大地變成一個讓人得享釋放、秩序、圓滿、和諧、安舒的世界，那麼我們便不難理解為何其他有關安息日的經文都有著這個取向：

> 六日你要做工，第七日要安息，使牛、驢可以歇息，並使你婢女的兒子和寄居的都可以舒暢。（出二十三 12）

> 六年你要耕種田地，收藏土產，只是第七年要叫地歇息，不耕不種，使你民中的窮人有吃的；他們所剩下的，野獸可以吃。你的葡萄園和橄欖園也要照樣辦理。（出二十三 10～11）

> 你們到了我所賜你們那地的時候，地就要向耶和華守安息。六年要耕種田地，也要修理葡萄園，收藏地的出產。第七年，地要守聖安息，就是向耶和華守的安息……遺落自長的莊稼不可收割；沒有修理的葡萄樹也不可摘取葡萄。這年，地要守聖安息。地在安息年所出的，要給你和你的僕人、婢女、雇工人，並寄居的外人當食物。這年的土產也要給你的牲畜和你地上的走獸當食

物。（利二十五2～7）

從以上的經文我們可以看見：讓窮人、動物及大地的生命得到釋放和舒暢，正是安息日的核心精神。

六、守安息日：每個信徒的責任

安息日既然象徵著創造的圓滿、完全、和諧、秩序的狀態，守安息日的重點就不在字面上的「規條」，而在於背後指向的「精神」。守安息日就是去記念、遵守、保護及維繫上帝的創造秩序，包括接受上帝所決定的定命秩序、遵守上帝所規定的道德秩序、發揮上帝所吩咐的功能秩序、享受上帝所賜與的恩典秩序、維繫上帝所喜悅的關係秩序等。上帝的心意加上人正確的回應，才能彰顯安息日的精神。

上帝的創造是宇宙性的，所以維繫上帝的創造秩序，並不只是以色列人的責任，而是每一個屬上帝的子民甚至每個人的責任。上帝的創造不單是為以色列人，也是為世界上的每一個人。上帝既將管理大地的責任交託給人類，雖然我們毋須像以色列人一樣持守「字面上」的安息日，卻絕對要持守「精神上」的安息日，實踐安息日的意義。今天，我們身處的大地可說是空虛混沌，違反上帝創造秩序的事隨處可見——欺壓、奸詐、貪污、不公義、剝削、勞役等無日無之，身為上帝的子民，我們絕對有責任將安息日的理想實踐出來，讓受欺壓的人生命得到安舒，這正是上帝對世人的心意，如前文提到經上所記：「世人哪，耶和華已指示你何為善。[11] 他向你所要的是甚麼呢？只要你行公義，好憐憫，存謙卑的心，與你的上帝同行」(彌六 8)。要實踐安息日的意義，我們得先明白上帝的創造心意，若只死守安息日的字面規條，而扭曲上帝原初的心意，一切都只是徒然！

思考問題

1 你對安息日原本的理解是甚麼？你的理解與本章所說的有甚麼差異？

2 實踐安息日與遵行誡命、律例、典章息息相關，你對具體的誡命、律例、典章有多少認識？試列舉說明。

3 上帝將管理大地的職責交給人類，那麼，面對這職責，一般人與信徒／上帝的子民有分別嗎？為甚麼？

4 安息日是要讓受勞役的得釋放、圓滿。今天社會中哪些人是備受勞役的？你有沒有想過如何幫助他們得到釋放？

| 實踐 |

世界既由上帝所創造，那麼祂對世界的運作，自有其定旨的秩序法則，以達到祂創造的目的。上帝創造世界的目的是希望人類能夠生活得安息圓滿，而其法則就是遵守誡命、律例、典章，故此這些律例背後所反映的上帝心意，可稱得上是人類的普世價值。換句話說，若不認識誡命、律例、典章，便很難讓人或自己的生命得到真正的安息圓滿。因此，我們應好好認識上帝的創造法則，讓自己生命有一正確的藍圖，並向著這方向實踐，生命才能得到合乎上帝心意的圓滿。此外，安息的象徵記號是「不做工」，但其精神卻是讓世界得到美好圓滿。在價值扭曲的世界中，要讓生命歸回安息圓滿，不少時候可能不是完全不做工，而是要做很多工，才能撥亂反正，正如耶穌在安息日要透過醫治枯手的人才能彰顯安息日的精神。想想今天我們大地的狀況，與上帝期望的安息有多大落差？我們要「做」些甚麼才能使大地得安息？大地有哪些受欺壓勞役的人，等待著我們幫助，使他們得著釋放？實踐這些，就是記念安息日了。

註釋

1 「創造神學」過去在西方學術界一直被忽略，直至近三十年才有學者提出其重要性，其神學觀點可參 Terence E. Fretheim, *God and World in the Old Testament: A Relational Theology of Creation* (Nashville, TN: Abingdon Press, 2005), 1～28。

2 Jacob Neusner, *The Mishnah: A New Translation* (New Haven, CT, London: Yale University Press, 1988), 187～188.

3 這裏的「工」（***məlāʾḵāʰ***）與創世記二章 2 節上帝在第七日歇了祂一切的「工」（***məlāʾḵāʰ***）是同一字，反映子民在延續上帝的創造工作。

4 James L. Kugel, *Traditions of the Bible: A Guide to the Bible as It Was at the Start of the Common Era* (Cambridge, MA: Harvard University Press, 1998), 60～63.

5 李思敬：《恩怨情仇論舊約》（香港：更新資源，1997），頁77～78。

6 「空氣」（***rāqî***^{ac}）翻譯為「穹蒼」更為正確。

7 李思敬：《恩怨情仇論舊約》，頁73～78。

8 禤浩榮：《創造神學——從神的創造看救恩真義及信徒生活》（香港：天道書樓，1998），頁2～7。

9 Fretheim, *God and World in the Old Testament*, 10～13.

10 Terence E. Fretheim, *Exodus* (Louisville, KY: John Knox Press, 1991), 105～112.

11 「善」原文是「好」（*ṭôḇ*），也是上帝創造世界時看為是「好」的同一字。

02 秩序 *Orderness*

亂世中的神聖子民
——子民的社會參與？

上帝 在
創世 的 過 程 中，
已將
管理 大地 的 責任
交給 人類，

人的職責是要將這「空虛混沌」的大地
變為有「創造秩序」的大地。

如果「安息」是上帝創造世界的終極目的，希望讓世界大地能夠成為祂「看為甚好」的圓滿狀況，那麼「地」就是上帝關心的場景。人類一切活動都在這「地」進行，這地是「空虛混沌」，還是「安息圓滿」，直接影響著人類的幸福。當人在大地生活，便自然構成了社會，有社會便自然會有政治及社會參與。想深一層，衣食住行哪一樣與社會政治無關？就是公帑如何分配，甚麼地方補貼，甚麼地方不補貼就已經是一種政治考慮了。就算是宗教，能平安地敬拜上帝，都離不開體制下宗教自由的法律保障，正如在某些地方及歷史時空，公開敬拜上帝可能已是死罪。因此，假若聖經從頭到尾都關心「地」的問題，要教導人類如何管理大地，就必然離不開社會政治的問題。

一、合神心意的社會？

開始討論以前，我們先要搞清楚一個觀念，就是傳統教會所宣講的「政教分離」，其實不是說教會完全不關心政治，而是表明教會要從政權中分別出來。我們看看下面這個聖經中的反例。當耶穌出生時，希律王因害怕耶穌的威脅便心裏不安，耶路撒冷合城的人也都不安（太二3）。為要剷除這威脅，希律召齊了祭司長和民間的文士，就是當時以色列的宗教領袖，問他們基督當生在何處，使他可以去除滅祂。宗教領袖回應說是生在猶大的伯利恆，於是希律想透過幾個博士去知悉耶穌出生的準確地點，好去殺害這孩子（太二4～8）。這羣以色列宗教領袖清楚示範了一次甚麼叫「政教同謀」，叫上帝心意伏於政權之下，為政權服務，而不是分別出來，批判不義。其實，從舊約到新約，聖經的歷史處境從來都不是抽離的，當中的教導都是在當時的歷史社會政治環境中啟示出來。故此，若說要改變大地的價值觀，就不得不改變社會的價值觀，**將社會的「空虛混沌」轉化為「各從其類」、合神心意的社會秩序**。屬靈屬世其實從不分割。

本章將會從舊約五經神學的角度來看教會的社會責任。希伯來聖經分為三部分：五經（*Torah*）、先知書（*Neviim*）及著作（*Ketuvim*）。選擇五經是由於它是其他經卷的基礎，先知書及著作往往都是在這根基之上再加以發揮及詮釋；而五經亦是猶太人信仰生活之核心所在，其誡命、律例、典章，更是猶太人如何建立一個合神心意社會的最高指標，這對我們有著非常重要的參考價值。

二、重建創造的秩序：五經所蘊含的神學基礎

1. 創造神學

對筆者來說，舊約聖經中最重要的神學觀念是「創造」。「創造」是甚麼意思？如第一章所說，「創造」最核心的觀念並不是過去傳統所說的「從無到有」，而是「從

混亂變成秩序」(頁 11 及以下)。我們從六日創造的描述裏，能看到其中構成了三組的創造，正針對未創造之前的三個問題：空虛混沌的地、淵面和黑暗。六日創造完畢，上帝在第七天歇了祂一切的工，安息了，並將第七日定為安息日，原因並不是上帝因創造疲倦，所以要休息，而是因為上帝看著一切所造的都甚好(創一 31)，一切都變得圓滿。創世記一章 2 節「地是空虛混沌，淵面黑暗」的混亂狀態，現在因透過上帝的靈的運行，變成了「各從其類」，區分成一個秩序井然的世界。故此，如前所述，「創造」的核心觀念是「從混亂變成秩序」。

另外，上帝創造這秩序世界的目的其實是讓人可以管理及享受。伊甸園中充滿了各種悅人眼目的樹及果子，人在其中的角色就是負責「修理及看守」(創二 15；更好的翻譯是「服事及謹守」，而「謹守」〔*šāmar*〕這字也就是後來用作「謹守」耶和華的律法的同一個字)，人只要謹守上帝的吩咐——不吃善惡知識樹的果子，便可享受園中各樣樹上的果子(創二 16～17)。但很可惜，人後來犯了罪，越過了上帝所定的界線，吃了不可吃的果子，令本來充滿秩序的大地受到咒詛，再一次回到「地是空虛混沌」的狀態。

2. 地的觀念

「地」(ʾereṣ)是舊約聖經十分關注的其中一個主題，創世記一開始便提及「地是空虛混沌」(創一2)。上帝曾應許亞伯拉罕要將迦南地賜給他及他的後裔，永遠為業(創十七8)。到摩西時期，上帝吩咐摩西領以色列人離開埃及，到那美好寬闊流奶與蜜之迦南地(出三7～10)。但是我們從民數記十三章得知，這流奶與蜜的迦南地並不是一個垂手可得的地方，因為那裏住滿了很多不同而且強大的迦南族人，如亞衲族人、亞瑪力人、赫人、耶布斯人及亞摩利人等(民十三28～29)，而這些人都象徵著「反創造」的邪惡力量。換句話說，這迦南地仍然是在「空虛混亂」的狀態。子民進入迦南地就像上帝創造世界的情況一樣，要從「地是空虛混沌」開始，將這地變成合神心意、有創造秩序的地方。子民的職責及使命就是延續上帝的創造，建立一個上帝看為美好的大地，在當中子民可以享受這創造秩序所帶來的種種幸福

（亦參頁 16 及以下）。

從應用的角度來看，「迦南地」象徵著我們今天所身處的世界，這世界本來是上帝創造來給我們去享受，並在當中快樂地生活的。可惜千百年來人不斷破壞上帝的創造秩序，各人偏行己路，並行耶和華眼中看為惡的事，將這原本充滿和諧美好的世界弄得一團糟，將這秩序的大地變得「空虛混沌」。但這地是上帝應許賜給祂子民的，子民的職責就是按上帝的吩咐去重新建立這原本是流奶與蜜之地，將這地變回「各從其類」及「上帝看為是好的」，因為全地都屬耶和華（出十九 5），這也是新約聖經「願你的國降臨」的主要意思。

3. 創造秩序的象徵：會幕

摩西帶領以色列人出埃及只不過是整個拯救故事的引言，耶和華拯救以色列人離開法老的奴役，目的是要建立一羣合祂心意的子民。出埃及記全卷四十章經文中只用了十五章篇幅來描述以色列人出埃及的事件，十六至十八章記載子民在曠野受上帝的考驗，而從出埃及記十九章開始，中間經過利未記，一直到民數記十章10節（超過五十七章經文），都是記載以色列民在西奈山那一年，領受上帝誡命、律例、典章的情況，而當中耶和華的吩咐均以「會幕」作為核心。單是建造會幕的情況，出埃及記已花了十五章的經文（二十五～四十章）去記載，而且上帝大部分的吩咐都是在會幕中進行的，可見會幕之重要性實在不容忽視。會幕在神學上代表著上帝的同在，亦象徵著上帝完美的創造秩序世界，是上帝與人關係最圓滿和諧之所在，也是敬拜上帝的地方。出埃及記二十五至三十一章詳細描述了耶和華吩咐造會幕的指引——約櫃、桌子、燈臺、會幕、祭壇、祭司衣服、胸牌、以弗得、香壇等。而三十五章至四十章則詳細記載子民如何建造這會幕，當中不斷重複出現的語句是「照耶和華所吩咐摩西的」（三十五29，三十六1，三十九1、5、7、21、26、29、31、42～43，四十16、19、21、23、25、29、32），其核心精神就是「上帝怎樣仔細吩咐，子民怎樣仔細按上帝的吩咐遵行」。上帝怎樣才與子民同在？甚麼是上帝完美的創造？人與上帝如何可以有圓滿和諧之關係？一切都在「上帝仔細吩咐，子民仔細遵行」這原則上。

關於子民對會幕的責任，民數記亦給予了清楚的指示。民數記一章 2 至 3 節記載耶和華在會幕中曉喻摩西要數點以色列民的數目，其條件是：二十歲以外能出去打仗的男丁；其後耶和華吩咐十二支派的子民對著會幕的四圍安營（民二 2～31）；隨後也吩咐會幕要往前行（民二 9、16、17、24、31，九 15～23；參出四十 34～38）。其象徵意義是：子民被視作一隊軍隊，他們所面對的是一場戰爭，其職責是在會幕的四周圍保衛它，以免遭受敵人破壞；此外，子民另一職責是要擴展會幕，讓會幕往前行，使會幕在迦南地建立起來。換句話說，上帝的子民有責任在不同的崗位上保衛上帝的創造秩序，不讓邪惡力量肆意破壞，並且要將上帝的創造秩序擴展，使空虛混沌的大地變成合神心意的會幕。

4. 創造秩序的內涵：誡命、律例、典章

如果會幕的核心觀念是「上帝仔細吩咐，子民仔細遵行」，那麼「上帝仔細吩咐」的內涵是甚麼？五經告訴我們

那就是上帝的誡命、律例、典章。正如先前所說，從出埃及記十九章至民數記十章10節都是充滿耶和華對子民的吩咐，當中包括了十誡（出二十章）、約書（出二十一～二十四章）、建造會幕（出二十五～四十章）、獻祭條例（利一～七章）、祭司的指引（利八～十章）、潔淨條例（利十一～十五章）、神聖法典（利十七～二十六章）、數點民數及圍繞會幕安營（民一～四章）、神聖的界線（民五～六章）、會幕的奉獻與利未人（民七～八章）、慶祝逾越節及預備行軍（民九1～十10）等。此外，在申命記中，摩西用了大量篇幅重申耶和華吩咐子民的誡命、律例、典章（申十二～二十六章）。出埃及記記載建造會幕的仔細吩咐，其實是上帝誡命、律例、典章的一個縮影，而會幕也就是上帝的創造秩序的一個象徵。

此外，約書亞記一章6至8節告訴我們，要得到迦南地，祕訣正是在於謹守遵行上帝的律法：

> 你當剛強壯膽！因為你必使這百姓承受那地為業，就是我向他們列祖起誓應許賜給他們的地。只要剛強，大大壯膽，謹守遵行我僕人摩西所吩

> 咐你的一切律法，不可偏離左右，使你無論往哪裏去，都可以順利。這律法書不可離開你的口，總要晝夜思想，好使你謹守遵行這書上所寫的一切話。如此，你的道路就可以亨通，凡事順利。

摩西也曾吩咐以色列眾長老，到了耶和華所賜給他們的地時，要立起幾塊大石頭，墁上石灰，將律法的一切話寫在石頭上，在以巴路山上將這些石頭立起來，永久記念上帝的律法（申二十七 2～8）。此外，能否在迦南地得到上帝的祝福也視乎他們是否聽從耶和華的律法：「你若留意聽從耶和華你上帝的話，謹守遵行祂的一切誡命，就是我今日所吩咐你的，祂必使你超乎天下萬民之上」（申二十八 1～2）。換句話說，**要將這空虛混沌的大地變成合神心意的創造秩序，其關鍵在於遵行上帝的律法。**

五經中的律法基本上可分為禮儀、社會及家庭三個層面。禮儀層面包括獻祭、節期、不可隨從別神、不可受引誘、不可敬拜異教的神等；社會層面包括設立領袖、審判官、君王、祭司、先知、審理案件、借貸、幫補窮人、對待鄰舍、善待弱勢羣體、對待動物、戰爭等；家庭層面則包括婚姻、性、家庭教育、子女教育等。因本章主要處理教會的社會責任問題，故此下文只會引述一些與社會政治層面有關的律例，其他律例會在本書第三章再進一步討論。

三、遵行上帝的律法：誡命、律例、典章的內涵

1. 對領袖的要求

A. 官長

申命記對審判官及官長的要求是：

> 必按公義的審判判斷百姓。不可屈枉正直；不可看人外貌。也不可受賄賂；因為賄賂能叫智慧人的眼變瞎了，又能顛倒義人的話。你要追求至公至義，好叫你存活，承受耶和華你上帝所賜你的地。（申十六 18～20）

這裏包括了消極「不可」及積極「要追求」兩個層面。

B. 君王

關於君王，申命記同樣分開消極的「不可」及積極的「要」兩個層面。首先是「不可」的經文。

> 只是王不可為自己加添馬匹，也不可使百姓回埃及去，為要加添他的馬匹，因耶和華曾吩咐你們說：「不可再回那條路去。」(申十七16)

這裏加添馬匹的意思，可能是指到用百姓交換埃及馬匹，以增加自己的軍力，但申命記卻要限制其軍力。另外，君王「也不可為自己多立妃嬪，恐怕他的心偏邪」(申十七17)。這裏有限制情慾及避免與異邦連合的意思，因為當時君王娶妃嬪很多時跟異邦政治結盟有關，而與異邦結盟很容易會引入偶像崇拜。再者，君王「也不可為自己多積金銀」(申十七17)。對君王的指引，申命記一開始便提出了種種限制。另一方面，除了限制外，申命記對君王也提出了一些積極的要求：

> 他登了國位，就要將祭司利未人面前的這律法書，為自己抄錄一本，存在他那裏，要平生誦讀，好學習敬畏耶和華他的上帝，謹守遵行這律法書上的一切言語和這些律例，免得他向弟兄心高氣傲，偏左偏右，離了這誡命。（申十七 18～20）

簡單來說，君王要處理自己的生命問題，限制權力、金錢、慾望；並以上帝的話治國，以生命的榜樣來帶領子民。

C. 祭司／利未人及先知（申十八 1～8，14～22）

祭司、利未人、先知，跟審判官、官長及君王一樣，在大地的管治層面中，同樣要負起當有的責任，而屬靈與屬世的領域亦同樣都只有一個標準，就是上帝的話，宗教領袖要以上帝的話教育社會及建立社會，幫助政治領袖牧養上帝的子民。

2. 對資源分配的要求：好憐憫

A. 大前提：大地誰屬？

五經中，摩西不斷提醒子民他們曾在埃及地寄居（出二十二12，二十三9；利十九34；申十17～19，二十三7），並曾在埃及地作過奴僕（申五15，十五15，二十四22）。摩西三番四次強調子民得地並不是因為他們有甚麼好，得地其實是上帝的恩賜：

> 你要謹慎，免得忘記耶和華你的上帝，不守他的誡命、典章、律例，就是我今日所吩咐你的；恐怕你吃得飽足，建造美好的房屋居住，你的牛羊加多，你的金銀增添，並你所有的全都加增，你就心高氣傲，忘記耶和華你的上帝，就是將你從埃及地為奴之家領出來的……恐怕你心裏說：「這貨財是我力量、我能力得來的。」你要記念耶和華你的上帝，因為得貨財的力量是他給你的……（申八11～18；另見九1～6）

換言之，若非上帝的拯救，人根本不會得到大地。此外，聖經又告訴我們，全地都是屬耶和華的（出十九5），所以終極來說，大地的主人應是上帝，而不是任何政府或任何地產財團，人的責任只是管理大地，而不是主宰大地。如果全地都屬耶和華，那麼按耶和華的心意在大地生活便是天經地義的事情，而耶和華在大地的心意是甚麼？彌迦書六章8節給了我們一個很重要的提示：

> 世人哪，耶和華已指示你何為善。他向你所要的是甚麼呢？只要你行公義，好憐憫，存謙卑的心，與你的上帝同行。

B. 社會層面的理想：在你們中間沒有窮人

摩西在申命記十五章提出了「豁免年」的觀念：

> 每逢七年末一年，你要施行豁免。豁免的定例乃是這樣：凡債主要把所借給鄰舍的豁免了；不可向鄰舍和弟兄追討，因為耶和華的豁免年已經宣告了……你若留意聽從耶和華你上帝的話，謹

> 守遵行我今日所吩咐你這一切的命令，就必在你們中間沒有窮人了。（申十五 1～5）

也許在今天的香港社會未必能完全按字面來應用這誡命，但其原則「在你們中間沒有窮人」卻確實是耶和華的心意。貧富懸殊是今天香港其中一個非常嚴重的問題，「在你們中間沒有窮人」這原則正向我們發出了尖刻的挑戰。

C. 要善待孤兒寡婦

關於弱勢羣體，申命記有這樣的教導：

> 你不可向寄居的和孤兒屈枉正直，也不可拿寡婦的衣裳作當頭……你在田間收割莊稼，若忘下一捆，不可回去再取，要留給寄居的與孤兒寡婦。這樣，耶和華你上帝必在你手裏所辦的一切事上賜福與你。你打橄欖樹，枝上剩下的，不可再打；要留給寄居的與孤兒寡婦。你摘葡萄園的葡萄，所剩下的，不可再摘；要留給寄居的與孤兒

> 寡婦。（申二十四 17～21；另見利十九 9～10）

這段經文所講的原則很簡單——不可賺盡每一分錢，而忘記留下一些給貧苦無依的人。

D. 不可延遲發放困苦雇工的工價

> 困苦窮乏的雇工，無論是你的弟兄或是在你城裏寄居的，你不可欺負他。要當日給他工價，不可等到日落——因為他窮苦，把心放在工價上——恐怕他因你求告耶和華，罪便歸你了。（申二十四 14～15）

以前的人是以日薪計算工資的，這裏的原則是：不可以剋扣或延遲發放員工應得的工資，以致他生活艱難。

E. 不可不幫補窮人

聖經所說的「罪」，除了「做了不應該做的事」（sin

of commission）之外，也包括「沒有做應該做的事」（sin of omission）。而沒有幫助應該幫的人，也是得罪上帝的舉動。

> 在耶和華你上帝所賜你的地上，無論哪一座城裏，你弟兄中若有一個窮人，你不可忍著心、揝著手不幫補你窮乏的弟兄。總要向他鬆開手，照他所缺乏的借給他，補他的不足……「總要向你地上困苦窮乏的弟兄鬆開手。」（申十五7～11）

此外，先知書也有類似的教訓：

> 看哪，你妹妹所多瑪的罪孽是這樣：她和她的眾女都心驕氣傲，糧食飽足，大享安逸，並沒有扶助困苦和窮乏人的手。她們狂傲，在我面前行可憎的事，我看見便將她們除掉。（結十六49～50）

聖經的教導十分清楚，面對困苦窮乏的人，上帝的子民責無旁貸，如果袖手旁觀，視若無睹或充耳不聞的話，上帝的審判是會臨到的。

3. 對審訊和刑罰的要求：行公義

A. 對審訊的要求

聖經對行公義有十分嚴格的要求，除了上文提過要求審判官不可屈枉正直、不可看人的外貌及不可收受賄賂之外（申十六 18～20），對審訊過程的要求也不能輕率：

> 在你們中間，在耶和華你上帝所賜你的諸城中，無論哪座城裏，若有人，或男或女，行耶和華你上帝眼中看為惡的事，違背了他的約……有人告訴你，你也聽見了，就要細細地探聽，果然是真，準有這可憎惡的事行在以色列中，你就要將行這惡事的男人或女人拉到城門外，用石頭將他打死。要憑兩三個人的口作見證將那當死的人治

> 死；不可憑一個人的口作見證將他治死……這樣，就把那惡從你們中間除掉。（申十七2～7）

這段經文提供了一些重要的審訊原則：先要仔細尋求事件真相（細細地探聽），而且「孤證不足信」（要憑兩三個人的口作見證，不可憑一個人的口作見證），加上要嚴格執行處分（若果然是真，有這可憎惡的事行在以色列中，你就要將行這惡事的男或女人打死），而這樣做的目的就是要「把那惡從你們中間除掉」。

B. 刑罰要公正

> 若有凶惡的見證人起來，見證某人作惡，這兩個爭訟的人就要站在耶和華面前，和當時的祭司，並審判官面前，審判官要細細地查究，若見證人果然是作假見證的，以假見證陷害弟兄，你們就要待他如同他想要待的弟兄。這樣，就把那惡從你們中間除掉。別人聽見都要害怕，就不敢在你們中間再行這樣的惡了。你眼不可顧惜，要以命

> 償命，以眼還眼，以牙還牙，以手還手，以腳還腳。（申十九 16～21）

這段經文除了重複要仔細尋求事件真相的原則外，更強調要有公正的刑罰——要以命償命，以眼還眼，以牙還牙，以手還手，以腳還腳。公正刑罰的基本原則就是「不可多於或少於應受的」。譬如打斷別人的一隻手，其刑罰一方面不能只以打手掌兩下作賠償，另一方面亦不能以打斷其手及腳作賠償。公正刑罰的原則是「應賠多少，就賠多少」，不可多於或少於應受的。

四、教會的社會責任：作神聖的子民

1. 作神聖的子民：從漠視到關心

出埃及記十九章 5 至 6 節是耶和華對祂子民的心意：

> 如今你們若實在聽從我的話，遵守我的約，就要在萬民中作屬我的子民，因為全地都是我的。你們要歸我作祭司的國度，為神聖的國民。（《和合本 2010》）

教會作為上帝子民的代表，按照上帝的心意，我們要作「祭司的國度」，也就是分別出來事奉上帝的一個羣體；教會也要成為「神聖的國民」，就是分別為聖的子民。

可是，當我們談到「祭司的國度」及「神聖的國民」的時候也當小心，因為這兩個概念很容易給人一種不吃人間煙火、與世隔絕、只關心屬天事情，不關心地上事情的印象。但事實並非如此，聖經所啟示的「祭司國度」及「神聖國民」其實與地上社會的生活是息息相關、不可分割的。以利未記十九章為例，它清楚告訴我們「神聖」不單只有所謂宗教的層面，而且更多有涉及社會層面：如「⋯⋯當孝敬父母」（3 節）；「⋯⋯收割莊稼，不可割盡田角，也不可拾取所遺落的⋯⋯要留給窮人和寄居的⋯⋯」（9～10 節）；「不可偷盜，不可欺騙，也不可彼此說謊」（11 節）；「不可欺壓你的鄰舍，也不可搶奪他的物」(13節)；「雇工人的工價，不可在你那裏過夜，留到早晨」(13節)；「施行審判，不可行不義；不可偏護窮人，也不可重看有勢力的人，只要按著公義審判你的鄰舍」(15節)；「不可在民中往來搬弄是非，也不可與鄰舍為敵，置之於死……」(16節)；「在白髮的人面前，你要站起來；也要尊敬老人……」(32節)；「要用公道天平、公道法碼、公道升斗、公道秤」(36節)。這一切吩咐的大前提就是「你們要神聖，因為我耶和華你們的上帝是神聖的」(2節)。故此，作神聖的國民本身就不能離開社會層面。相反，積極關心社會問題才是神聖國民、祭司國度的應有表現。如此說來，香港教會應對傳統所教導的「神聖」及「屬靈」的觀念作出反思及批判。

2. 作神聖的子民：從混亂到秩序

如前所述，上帝在創世的過程中，已將管理大地的責任交給人類(創一26、28，二15)，人的職責是要將這「空虛混沌」的大地變為有「創造秩序」的大地。另外，子民也要保衛及擴展象徵著上帝創造秩序的會幕，讓會幕不受破壞，並且讓會幕在大地上建立起來。香港今天充斥著種種「空虛混沌」的亂象：貧富懸殊、強暴欺壓、賄賂貪污、欺騙詭詐、利益輸送、漠視弱勢羣體、體制不公、問責不力……這一切可說是罄竹難書，香港教會作為上帝在地上的代表，亦領受了從上而來的真理，絕對有責任將混亂轉化成為合神心意的社會，讓上帝的會幕在這地方建立起來，而且不要忘記一點，就是宗教領袖對一個地方的前途有其責任。不但如此，聖經不單要求上帝的子民不要做一些違犯創造秩序的事情，聖經更指出，就是看見不合神心意的事情而袖手旁觀，坐視不理，其罪都會歸到子民身上。事實上，教會應關心社會的教導其實非常清楚，可是過往香港教會對這層面的事卻傾向「分別出來」，這實在值得我們深切反省。

3. 作神聖的子民：從認識到實踐

會幕的核心精神在於：「上帝仔細的吩咐，子民仔細的遵行」。如果連上帝的吩咐也不清楚，子民又如何可按上帝的吩咐來遵行？會幕又如何可被建立？故此，認識上帝心意，仔細研讀聖經是作神聖子民的先決條件。香港教會較多偏向教導新約聖經，對於舊約，特別是關乎誡命、律例、典章的經文，則鮮有研讀，哪知這些律法經文卻是上帝心意之精神所在，猶大人更視之為生命核心！故此，香港教會應更全面認識上帝的話。除了認識聖經外，教會亦應當更多認識社會，以致能作出適當的批判及反思。

然而，「認識」並不足夠，「知而不行是為不知」，認識的目的是要實踐。民數記提醒我們這是一場戰爭，要將混亂變成秩序並不浪漫，過去教會歷史也給我們看到，有無數信徒為建立神國而遭受逼迫患難，而耶穌基督自己也不能倖免。故此，實踐有時要付上代價。就讓我們再次以約書亞記互勉：

> 你當剛強壯膽！因為你必使這百姓承受那地為業，就是我向他們列祖起誓應許賜給他們的地。只要剛強，大大壯膽，謹守遵行我僕人摩西所吩咐你的一切律法，不可偏離左右，使你無論往哪裏去，都可以順利。這律法書不可離開你的口，

總要晝夜思想，好使你謹守遵行這書上所寫的一切話。如此，你的道路就可以亨通，凡事順利。（書一6～8）

思考問題

1 「地」是上帝所關心的，我們今天身處的大地有何不合上帝心意的「空虛混沌」狀況？試列舉。

2 會幕是聖殿的雛形，是上帝創造秩序世界的象徵，是人與上帝關係最和諧之處，其核心精神是「上帝仔細吩咐，子民仔細遵行」。我們的崇拜聚會，究竟與教會外的世界相關嗎？返崇拜與行公義、好憐憫是風馬牛不相及，還是彼此息息相關，互為內在？

3 若誡命、律例、典章的精神是上帝對大地秩序的核心價值，那麼今天信徒應不應遵守律法？還是像教會的教導那樣，因信稱義便可？若是因信稱義就已足夠，為何當財主問耶穌該做甚麼好事才能得永生時，耶穌的回答是：「你若要進入永生〔這句原文是「生命」，並沒有「永」字〕，就當遵守誡命」（太十九 16～17）？為何耶穌聲稱：我來不是要廢掉律法和先知，我來不是要廢掉，乃是要成全……天地都廢去，律法的一點一畫也不能廢去，都要成全？（太五 17～18）

4　律法的核心精神是行公義、好憐憫、要「你們中間沒有窮人」、要善待孤兒寡婦、不可不幫補窮人、官長審判要公義、君王要按上帝律法管治人民……今天我們的大地距離上帝的心意有多遠？我們應怎樣活出上帝的心意？

5　宗教領袖是社會領袖之一，要負起社會公義及憐憫的職責，幫助子民將上帝心意實踐於大地。今天教會的領袖有沒有擔起這重要的角色？

實踐

要實踐先要認識，因此我們要：（一）認識上帝誡命、律例、典章的細節教導和精神；（二）了解社會上種種不公義、無憐憫的狀況。這兩者關係密切。沒有價值標準，便不能分辨事物的錯對；不能分辨事物的錯對，又怎能使大地變成「上帝看為甚好」？然而，認識後還要實踐。撒馬利亞人看見被打傷的人，不惜一切去救助他；相反，祭司及利未人卻「看見他，從那邊過去」。祭司及利未人不是不認識上帝的心意，只是他們沒有「動慈心」，最終冷漠地離開。今天，當我們「看見」大地的種種問題，我們會怎樣反應？耶穌說：你這樣「行」，就得永生。

03 恢復

Restoration

無情世界中的憐憫
——善待弱勢羣體？

耶和華　　　　　總

偏執地　聽　　軟弱者　　　　的

哀求，

總　站在

軟　　弱　　者　　　　的一方，

這可以說

是祂「漂亮的固執」。

公義與憐憫從來都是銀幣的兩面。不公義會催生欺壓、階級、強弱、貧富等不公平現象。要達至公義，我們必須將低下弱勢的人扶掖起來，才能減少這不平等的差距。憐憫弱勢是公義彰顯不可或缺的一環。

一、無情地 vs. 有情天

香港是一個十分富裕的城市，其財政儲備之雄厚世界知名。然而，香港的貧富懸殊指數卻長年高踞世界前列位置，平均每五至六人便有一人活在貧窮線以下，生活極其艱難。香港衣、食、住、行之昂貴，莫說是貧窮階層無法負擔，就是連中產階級也有時會感到非常吃力，而樓價之高當然冠絕全球，多少人窮一生精力，花幾十年時間亦只能供付比學生宿舍還小的「納米樓」。令人感到悲歎的是，縱然社會整體如此富裕，但幫助貧窮弱勢的措施卻極之貧乏——醫療、房屋、交通、護老等政策都乏善足陳，「應有盡無」，得不到服務或設施的人就只能自生自滅，自求多福。

面對那麼多的貧窮弱勢，我們可以視若無睹、充耳不聞、袖手旁觀、無動於衷嗎？

以色列民在埃及被法老勞役，他們的哀聲達到耶和華面前，耶和華記念祂與以色列祖宗所立的約，於是差派摩西拯救他們脫離埃及的勞役，得著生命的釋放。上帝在西奈山頒佈誡命、律例、典章，要子民建立一個「行公義、好憐憫」的社會，讓每個子民在社會中都得到幸福及安息。耶和華是一位有情的上帝，在祂眼中，欺壓、剝奪、不公、冷漠等情況出現，只會為子民帶來痛苦。

究竟耶和華要我們如何看待弱勢羣體，祂對他們又抱著怎樣的心懷？本章希望透過五經律例中的社會層面部分與大家一起思考上帝對弱勢羣體的憐憫。

二、對待困苦窮乏人的律例

1. 不可欺壓弱勢羣體

不可虧負寄居的，也不可欺壓他，因為你們在埃及地也作過寄居的。不可苦待寡婦和孤兒；若是苦待他們一點，他們向我一哀求，我總要聽他們的哀聲，並要發烈怒，用刀殺你們，使你們的妻子為寡婦，兒女為孤兒。（出二十二21～24）

不可欺壓你的鄰舍，也不可搶奪他的物。（利十九13上）

你不可向寄居的和孤兒屈枉正直，也不可拿寡婦的衣裳作當頭。要記念你在埃及作過奴僕，耶和華你的上帝從那裏將你救贖，所以我吩咐你這樣行。（申二十四17～18）

「寄居的」是指離開家鄉到外地居住的人。他們要離開家鄉，寄居異地，面對歧視、語言障礙、文化適應、無社會地位、身分不被認同等。成為寄居的原因可能是經濟匱乏、政治迫害、戰爭後遺、宗教改動等因素。「寡婦」不僅指丈夫已過世的女性，更是指沒有男性家人支持及保護的婦女——她沒有丈夫、兒子、兄弟，甚至連公公等男家的親屬也沒有。她沒有獨立謀生的能力，又缺乏夫家男性親人的支持；沒有人照顧她的利益，她的經濟會陷入困境。「孤兒」不僅指沒有父親的孩童，更指父母雙亡、無依無靠的全孤。[1] 五經律例中對待這些弱勢羣體的最基本態度是「不可欺壓」，不可對「寄居」、「寡婦」、「孤兒」這些不幸、痛苦者落井下石。不可欺壓他們的意思就是不可在他們已有的痛苦上再添加他們的痛苦。

2. 不可拖延發薪給窮乏的雇工

> 雇工人的工價，不可在你那裏過夜留到早晨。（利十九 13 下，另見申二十四 14～15〔本書頁 45〕）

「雇工」的意思通常指做某件工作或在某段時間工作的工人，而不是指長期在家庭工作的工人。[2] 雇主不可將薪金留待日落或第二天早晨才發給雇工，因為「他窮苦，把心放在工價上」。雇工不像雇主般有足夠的儲備，後者一段時間沒有收入都沒有問題，前者每天就是靠那些微薄的工錢來過活，所以雇主應敏感雇工在金錢上的即時需要。筆者由於母親患上了腦退化，需要聘請一位印籍傭工來協助照料母親。這印籍女傭剛來的時候只有二十二歲，為人善良，但卻因家境貧困，剛結婚一年便要離開丈夫，遠別家鄉，到一個語言不通、文化不順的地方，住在一個完全陌生的家庭，照顧一個不易應付的老人家。更不容易的是，她最初七個月的薪金都要全數交給雇傭公司，作介紹費之用，換句話說，她要白做七個月，然後到第八個月才正式有收入。面對這些「寄居」的雇工，筆者哪敢不按聖經律例的教導準時發薪？因為她真的會「把心放在工價上」（申二十四 15）。

3. 收成要留些給窮人

> 在你們的地收割莊稼，不可割盡田角，也不可拾取所遺落的。不可摘盡葡萄園的果子，也不可拾取葡萄園所掉的果子；要留給窮人和寄居的。我是耶和華你們的上帝。（利十九 9～10）

> 你在田間收割莊稼，若忘下一捆，不可回去再取，要留給寄居的與孤兒寡婦。這樣，耶和華你上帝必在你手裏所辦的一切事上賜福與你。你打橄欖樹，枝上剩下的，不可再打，要留給寄居的與孤兒寡婦。你摘葡萄園的葡萄，所剩下的，不可再摘；要留給寄居的與孤兒寡婦。你也要記念你在埃及地作過奴僕，所以我吩咐你這樣行。（申二十四 19～22）

「不可割盡田角」。一般來說，田角剩下多少的莊稼，並沒有範圍及數量的限制，但米示拿的傳統則定明最少要留下六分之一（*Peah* 1:1～2）。[3] 另外，按古代以色列的習慣，收割的人會用一隻手斬穀物的莖部，然後用另一隻手接住穀粒，若然一隻手不能把穀粒全部接住，剩下掉到地上的便稱為「落穗」（*leqeṯ*），[4] 五經律例吩咐不可拾取這些落穗，要將這些落穗留給窮人和寄居的。[5] 同樣道理，葡萄園及橄欖樹所剩下的都不可取盡，要留給寄居的與孤兒寡婦。這律例可給現代社會兩點反省：（一）賺錢不可賺得太盡，要讓貧窮的人有生存的空間；（二）享受收成時要留些給窮人，不可只顧自己的享受而漠視窮人的需要。

4. 地的安息年

> 六年你要耕種田地，收藏土產，只是第七年要叫地歇息，不耕不種，使你民中的窮人有吃的；他們所剩下的，野獸可以吃。你的葡萄園和橄欖園也要照樣辦理。六日你要做工，第七日要安息，使牛、驢可以歇息，並使你婢女的兒子和寄居的都可以舒暢。（出二十三 10～12）

> 六年要耕種田地，也要修理葡萄園，收藏地的出產。第七年，地要守聖安息，就是向耶和華守的安息，不可耕種田地，也不可修理葡萄園。遺落自長的莊稼不可收割；沒有修理的葡萄樹也不可摘取葡萄。這年，地要守聖安息。地在安息年所出的，要給你和你的僕人、婢女、雇工人，並寄居的外人當食物。這年的土產也要給你的牲畜和你地上的走獸當食物。（利二十五3～7）

這裏吩咐以色列人，六年要耕種田地、修理葡萄園及收藏地的出產，但第七年地便要向耶和華守安息，不可耕種、修理、收割及摘取。「修理」是讓葡萄生長的必須條件，一般來說，每年需要修理兩次，一次在冬天或雨季，把前一年沒有生產葡萄的幼枝剪掉；另一次則在六月或七月，把新開的果實剪下來。[6]雖然第七年不耕種，但田地或葡萄園仍會有自長莊稼，而不收割這些莊稼，是為了要將這年的收成留給低下階層的人及牲畜走獸，讓一切生物都可以有食物吃。地的安息年的意義，是叫人把累積財富的慾望截斷，讓人從無止境的賺取活動中停下來，反省自身的處境及狀況，並體會身邊還有很多人仍在極度貧困的處境中掙扎求存，學習顧念他們的缺乏，給他們過一些安舒的日子，予他們一個生存的空間。「安息」（*šāḇaṯ*）的意義並不在乎休息，而在乎讓世界達到一個圓滿舒暢的狀態。讓弱勢羣體有一個舒暢的機會，正是「安息」的其中一個重點。[7]

5. 豁免年

> 每逢七年末一年，你要施行豁免。豁免的定例乃是這樣：凡債主要把所借給鄰舍的豁免了；不可向鄰舍和弟兄追討，因為耶和華的豁免年已經宣告了。若借給外邦人，你可以向他追討；但借給你弟兄，無論是甚麼，你要鬆手豁免了。你若留意聽從耶和華你上帝的話，謹守遵行我今日所吩咐你這一切的命令，就必在你們中間沒有窮人了（在耶和華你上帝所賜為業的地上，耶和華必大大賜福與你。）因為耶和華你的上帝必照他所應許你的賜福與你。你必借給許多國民，卻不致向

他們借貸；你必管轄許多國民，他們卻不能管轄你。（申十五 1～6）

按照猶太的傳統，施行豁免是在第七年最後一天太陽下山時開始的。[8] 當時的人活在一個農業的社會，如遇上田地收成差，或負責耕種勞動的家人殘廢、患病、突然過世等，都可以直接導致生活貧困，因而需要借貸渡日。上帝吩咐在第七年的結束，債主要將所有借給鄰舍的債項豁免。首先，這條例只適用於以色列中的鄰舍及弟兄，而不包括外邦人。有學者認為這是因為外邦人借貸通常都是為了其貿易、貨品或金錢交易的生意，而不是因為貧窮。[9] 其次，豁免是將以前因貧窮而來的債項一筆勾銷，這律例充分表現了人道精神，也可舒緩社會貧富懸殊的問題。實施豁免可讓欠債者有機會翻身，不至於永久淪落為窮人。[10] 以色列人若遵守豁免的律法，耶和華就會大大賜福給他們；相反，他們若不遵行這律法，就一直會有窮人在他們中間（申十五 11）。

6. 不可不幫補窮人

> 在耶和華你上帝所賜你的地上，無論哪一座城裏，你弟兄中若有一個窮人，你不可忍著心、揩著手，不幫補你窮乏的弟兄。總要向他鬆開手，照他所缺乏的借給他，補他的不足。你要謹慎，不可心裏起惡念，說：「第七年的豁免年快到了」，你便惡眼看你窮乏的弟兄，甚麼都不給他，以致他因你求告耶和華，罪便歸於你了。你總要給他，給他的時候心裏不可愁煩；因耶和華你的上帝必在你這一切所行的，並你手裏所辦的事上，賜福與你。原來那地上的窮人永不斷絕；所以我吩咐你說：「總要向你地上困苦窮乏的弟兄鬆開手。」（申十五 7～11）

耶和華吩咐祂的子民不可不幫補窮人。「忍著心」是指故意壓制憐憫的心，「揩著手」表示緊握著手不放鬆，上帝吩咐不可這樣做；相反，總要向窮人鬆開手，目的是要補他們的不足。這幫補甚至是超越公平合理的，因為當愈接近第七年的豁免年，欠債者要還給債主的便愈少，而債主所能得回的也愈少；在第一年借錢給窮人與在第七年借錢給他，債主所能得回的可以相差六年的還款。縱然如此，就算第七年快到，耶和華仍吩咐不可惡眼看窮人，不借錢給他，反要甘心樂意向他們鬆開手，意思就是：不可用合理的藉口來逃避對別人的幫助。對耶和華來說，幫助窮人，補其不足是子民責無旁貸的本分。

7. 借錢不可收利息

> 我民中有貧窮人與你同住，你若借錢給他，不可如放債的向他取利。（出二十二 25）

> 你的弟兄在你那裏若漸漸貧窮，手中缺乏，你就要幫補他，使他與你同住，像外人和寄居的一樣。不可向他取利，也不可向他多要；只要敬畏你的上帝，使你的弟兄與你同住。你借錢給他，不可向他取利；借糧給他，也不可向他多要。我

> 是耶和華你們的上帝，曾領你們從埃及地出來，為要把迦南地賜給你們，要作你們的上帝。（利二十五 35～38）

> 你借給你弟兄的，或是錢財或是糧食，無論甚麼可生利的物，都不可取利。借給外邦人可以取利，只是借給你弟兄不可取利。這樣，耶和華你上帝必在你所去得為業的地上和你手裏所辦的一切事上賜福與你。（申二十三 19～20）

這律例的原則是借錢或借糧食給弟兄時，不可向他收取利息，也不可向他多要。這裏指的是幫助貧窮人的慈善借貸，而不是指生意交易的商業借貸，故此這裏說借給外邦人可以收取利息，因為外邦人一般都是往來作商業交易的生意人，借錢不過是為投資與獲取利益。在古代近東，借銀子的利息可高達百分之二十至二十五，而借穀的利息則可高達百分之三十三點五至五十。[11]

借錢給弟兄卻完全不一樣，是為了幫助貧窮人。不收取利息是不想增加貧窮人的重擔，而以色列人也不應該伺機增加自己的利益，用經濟手段使貧窮人永無翻身之日，永無止境地欠債。如此，借錢不是為謀利，而是為幫補；不可藉解決別人困境之名，而讓人陷入更大的困境。

8. 不可剝奪欠債者的生活保障及尊嚴

> 你即或拿鄰舍的衣服作當頭，必在日落以先歸還他；因他只有這一件當蓋頭，是他蓋身的衣服，若是沒有，他拿甚麼睡覺呢？他哀求我，我就應允，因為我是有恩惠的。（出二十二 26～27）

> 你借給鄰舍，不拘是甚麼，不可進他家拿他的當頭。要站在外面，等那向你借貸的人把當頭拿出來交給你。他若是窮人，你不可留他的當頭過夜。日落的時候，總要把當頭還他，使他用那件衣服蓋著睡覺，他就為你祝福；這在耶和華你上帝面前就是你的義了。（申二十四 10～13）

對貧窮人來說，衣服不單是穿在身上的裝飾，也是晚上睡覺時用來遮蓋保暖的被子，是他們惟一擁有的資產。當要進行借貸的事宜，由於有禁收利息的規定，所以便容許債主向借錢的人徵收一些物件作抵押品，作為還款的保障。現在若窮人以他的衣服作抵押品，債主必須在日落以先歸還他，因為這是他惟一的生存保障，是他生活的必需品，若連這惟一的保障都拿走，他便難以生存。另外，當借錢或借其他物件給鄰舍，不可進他的家拿他的抵押品，因進入欠債者的家拿抵押品，在社羣眼中是一件羞辱人的事；[12] 而當欠債者及其全家被債主作為主人般闖入而受到羞辱，甚至會因而引起打鬥衝突。[13] 這些律例的意義很清楚：就算人因窮困欠了債，甚至過期未還，債主仍要維護欠債者的尊嚴，也要保障欠債者的生存權利。對人道的關注，比自己合理的經濟利益更加重要，人不能因債項而將別人最後的尊嚴都剝奪，也不能因「合法」而將欠債者趕盡殺絕。

三、對待弱勢羣體的律例

1. 不可雪上加霜

> 不可咒罵聾子，也不可將絆腳石放在瞎子面前，
> 只要敬畏你的上帝，我是耶和華。（利十九 14）

不可咒罵聾子。聾子本身已有其弱勢，若遭人咒詛，可說是不幸中之不幸，而且當聾子被人咒詛，更可能連自己被人加害也不自知，這便屬不幸中之不幸之不幸，因為他連要阻止這咒詛傳開的意識也沒有，只能任由這咒詛發展廣傳。不可將絆腳石放在瞎子面前。瞎子本身已有其弱勢，若因著不能看見而被絆腳石絆倒，當然是不幸中之不幸，但因著看不見而被絆倒，卻不知是被人加害，更是不幸中之不幸之不幸。這律例的意義是：不可在人已經軟弱的狀況下再行加害，雪上加霜，火上添油。我們不單不要在不幸上增添不幸，更要做的，就是敬畏上帝，盡量減少別人的不幸。

2. 尊重被擄的女子

> 你出去與仇敵爭戰的時候，耶和華你的上帝將他們交在你手中，你就擄了他們去。若在被擄的人中見有美貌的女子，戀慕她，要娶她為妻，就可以領她到你家裏去；她便要剃頭髮，修指甲，脱去被擄時所穿的衣服，住在你家裏哀哭父母一個整月，然後可以與她同房。你作她的丈夫，她作你的妻子。後來你若不喜悦她，就要由她隨意出去，決不可為錢賣她，也不可當婢女待她，因為你玷污了她。（申二十一 10～14）

在古代世界，女子在戰爭中被擄，成為奴隸，是經常發生的。[14] 若有人想娶被擄的女子，則必須遵守相關的律例。首先，要讓她剃頭髮、修指甲、脱去被擄時所穿的衣服。這些動作有幾種可能的解釋：（一）這是女子哀悼她家人的表現；（二）女子讓自己變得不吸引，以致因她美貌而想娶她的男子改變主意；（三）女子想改變她的身分，透過放棄外表一些可去除的象徵部分，脱下她以前的生活，或以前的自我。[15] 其次，要讓她住在男子家裏哀哭父母一整個月。哀哭父母可能是因為他們在戰爭中死去，或是女子以後都不能再見到父母，而一個整月是猶太人哀哭的一般正常時期。經過這兩個階段後，男子才可以娶她，與她同房。這律例的意思是：就算是被擄回來的女子，都需要尊重其感受，不可因自己的優越地位或性慾而不理對方的感受。

此外，由於與女子已經發生關係，所以就算娶了她後不再喜歡她，不可將她降格為婢女，仍然要以妻子的地位待她，要由她隨意出去。對被擄的女子來說，由始至終她都是受害者，她失去家庭、被擄到異地、失去自由、被迫嫁一個不知是否喜歡的男人、不自主地過一種新的生活等。按五經律例的精神，不幸的人已經身心受苦，所以不應再在其痛苦上加添痛苦；相反，要將其痛苦減輕，對貧窮人如是，對軟弱的女子也如是。

3. 不要隨便休妻

人若娶妻以後，見她有甚麼不合理的事，不喜悅

> 她，就可以寫休書交在她手中，打發她離開夫家。婦人離開夫家以後，可以去嫁別人。後夫若恨惡她，寫休書交她手中，打發她離開夫家，或是娶她為妻的後夫死了，打發她去的前夫不可在婦人玷污之後再娶她為妻，因為這是耶和華所憎惡的；不可使耶和華你上帝所賜為業之地被玷污了。（申二十四 1～4）

根據古代近東的文獻，典型的離婚理由包括惹起丈夫懷疑的不在家、浪費丈夫的財產、羞辱他、否認丈夫為主的權利及犯姦淫等。[16] 這條例表面上是為離婚開出了合法的通道，但仔細一看，這條例要強調的不是離婚的合法性，而是離婚的後果，也就是若離婚之後，女子得了休書，便可以自由去嫁別人。只要她再嫁別人，無論後夫因甚麼原因以致婚姻不能再繼續，打發妻子走的前夫都不可再娶她為妻，因為這是耶和華所憎惡的。休書的存在是為了保障女子，因為在古代社會，妻子只是丈夫的財產之一，她沒有權利主動提出離婚，但丈夫卻可因不同理由休她，而這休書使她可以得到合法權利脫離以往的身分，再次有自由嫁人。這休書的含義在於：一旦離婚，本來屬於你的財產便不再屬於你，就算想再次擁有也不能，故此不要輕易提出離婚。

4. 善待奴僕

> 你若買希伯來人作奴僕，他必服事你六年；第七年他可以自由，白白地出去。他若孤身來就可以孤身去；他若有妻，他的妻就可以同他出去。他主人若給他妻子，妻子給他生了兒子或女兒，妻子和兒女要歸主人，他要獨自出去。倘或奴僕明說：「我愛我的主人和我的妻子兒女，不願意自由出去。」他的主人就要帶他到審判官那裏，又要帶他到門前，靠著門框，用錐子穿他的耳朵，他就永遠服事主人。人若賣女兒作婢女，婢女不可像男僕那樣出去。主人選定她歸自己，若不喜歡她，就要許她贖身；主人既然用詭詐對她，就沒有權柄賣給外邦人。主人若選定她給自己的兒子，就當待她如同女兒。若另娶一個，那女子的

吃食、衣服，並好合的事，仍不可減少。若不向她行這三樣，她就可以不用錢贖，白白地出去。（出二十一 2～11）

你弟兄中，若有一個希伯來男人或希伯來女人被賣給你，服事你六年，到第七年就要任他自由出去。你任他自由的時候，不可使他空手而去，要從你羊羣、禾場、酒醡之中多多地給他；耶和華你的上帝怎樣賜福與你，你也要照樣給他。要記念你在埃及地作過奴僕，耶和華你的上帝將你救贖；因此，我今日吩咐你這件事。他若對你說：「我不願意離開你」，是因他愛你和你的家，且因在你那裏很好，你就是拿錐子將他的耳朵在門上刺透，他便永為你的奴僕了。你待婢女也要這樣。你任他自由的時候，不可以為難事，因他服事你六年，較比雇工的工價多加一倍了。耶和華你的上帝就必在你所做的一切事上賜福與你。（申十五 12～18）

古代的奴隸至少可以分為兩種：(一)契約奴隸——因借錢而賣身為奴隸；(二)永久奴隸——永久賣身的奴隸，這種奴隸只限於外邦人。[17] 貧窮是成為奴隸的主要原因，一個人生計難以維持，於是把自己賣給另外的家庭以賺取食物、衣服、住宿等。有時一些被捉拿的竊賊因無法償還物主所失，法庭會判定將他賣給別的家庭，以賺取金錢去作出賠償。這律例限制了契約奴隸的年限至六年，第七年要讓奴隸自由離開。而離開的時候不可使他空手離去，要給他一些物資，以免他一無所有地開始新生活，不然又向別人借錢，或把自己再賣給別人，重過奴隸的生活。[18] 若奴隸因不同原因不想離開，主人便要為他施行一個穿耳的儀式，他便永久為主人的奴隸。穿耳儀式有幾種可能的解釋：(一)象徵僕人要用耳聆聽主人的吩咐；(二)穿耳並帶上耳環是一個奴隸的身分表徵；(三)「將他的耳朵在門上刺透」表示永久屬於這家庭。[19]

至於婢女，按申命記的條例，是與男性奴隸同等對待的，即第七年可以自由離開；而出埃及記則說不可離開，除非主人因某些原因不喜歡她，才可以讓她贖身。學者一般都認為，申命記的律例取代了出埃及記的律例，但筆者認為兩段的差異可能是因兩者情況不同：出埃及記所指的情況，可能是父親貧窮的緣故，將女兒賣給別人作妻子，這種婚姻式的售賣婢女不能以六年為限。申命記所指的，則是一般因貧窮而將自己賣給別人作婢女。這兩種售賣婢女方式在古代近東都存在。[20]

無論如何，這條例的精神都是為經濟債項設立界線，叫以色列民不可無止境地剝奪別人幸福的權利。同時，在不公平的父權社會中，女子仍應有人權的基本保障。這裏的條例未必是要改變社會的既有制度，但卻是在現有制度中作出最人性的選擇。

5. 要收留逃走的奴隸

> 若有奴僕脱了主人的手，逃到你那裏，你不可將他交付他的主人。他必在你那裏與你同住，在你的城邑中，要由他選擇一個所喜悦的地方居住；你不可欺負他。（申二十三 15～16）

古代近東社會必須把逃走的奴隸遣送歸給主人，但耶和華的律法著重人道精神，所以列明以色列人不要將逃走的奴僕交還他主人，反而要收留和保護逃走的奴隸，讓他在城中暫住。雖然經文沒有說明奴僕逃走的原因，但「逃」一詞暗示奴僕逃走是因為受到主人的欺壓。[21] 保護受欺壓的僕人是這律例的重點。

四、結語：上帝對有能者要說的話

從以上的律例看上帝對弱勢羣體的憐憫，我們可以歸納以下數點：

1. 施行憐憫的大前提

> 因為你們在埃及地也作過寄居的……要記念你在埃及作過奴僕，耶和華你的上帝從那裏將你救贖……（申十19下，二十四18）

耶和華吩咐以色列子民對弱勢羣體施行憐憫的起始

點，在於他們本身也曾經寄居、作過奴僕，其邏輯是：他們原初在埃及作奴隸，今天有能力幫助弱勢羣體，全是因為耶和華拯救他們，沒有耶和華的拯救，他們到今天也可能仍是奴隸。因為耶和華使他們從受勞役變為幸福快樂，使他們不再一樣，所以他們也要效法耶和華，幫助弱勢羣體變得幸福快樂。換一個角度看，他們原為奴隸這一事實，將他們後來各人身分的差異都削平了，也就是說，雖然後來民中有強弱富貧之分，但無論是哪一類人，身分地位如何，其起始點都是奴隸；因著這個起始點，他們不應再強調彼此間的強弱高低，而要努力將彼此的差距減少。

2. 面對軟弱者應有的觀念

耶和華吩咐子民不可欺壓弱勢羣體，因為弱勢羣體的生活本已不容易，若欺壓他們便是在他們既有的困難之上再加上痛苦，這是耶和華所不容許的。另一方面，從積極面看，子民不單不可欺壓弱者，更要幫助他們脫離困難，讓他們得到幸福。再者，申命記十五章 7 至 11

節說「不可不幫補窮人」，這告訴我們，原來幫助或不幫助窮人並不是一個中性的自由選擇，而是「不可不」幫補，這是一個斬釘截鐵的命令。正如本書第二章所提及，聖經中的罪，除了是做了不應該做的事情，也是沒有做應該做的事情，而以西結書指控所多瑪的罪孽，正是心驕氣傲、糧食飽足、大享安逸，卻沒有扶助困苦和窮乏人的手。故此，不幫補窮人是一種罪，而不是一種個人喜好的選擇。

此外，耶和華吩咐要在豁免年無條件豁免貧窮人的所有債項，[22] 若論公平，這並不是一個「公平」的做法，公平的做法應是欠債者將所欠的全數歸還給債主。但五經的律例告訴子民，幫助弱者不是以公平來衡量的，因愛超越這所謂「公道」及「合理」。

3. 上帝偏護弱勢羣體

五經律例強調欠債者也有其生存的權利並作為人的尊嚴，債主不可因債務而剝奪欠債者的尊嚴。弱者的生命也有其價值，雖是弱者，但上帝仍十分看重他作為人的價值。甚至可以說，上帝是偏護弱勢羣體的，因為經文經常提及：「他們向我一哀求，我總要聽他們的哀聲」，正如以色列民在埃及時，他們的哀聲達到耶和華面前，耶和華聽見了他們的哀聲，便差遣摩西去拯救他們脱離法老的勞役。耶和華總偏執地聽軟弱者的哀求，總站在軟弱者的一方，這可以説是祂「漂亮的固執」。

願每一位上帝的子民都能認識並實踐上帝的憐憫，也願上帝的國降臨，又願上帝的旨意行在地上，讓這無情之地因上帝的憐憫變為有情之地，讓活在這地的人得著幸福及安息。

思考問題

1　幫助弱勢羣體是聖經其中一個核心教導。我們所身處的社會，今天的價值觀與這教導相距有多遠？例如社會上所見到的，是鋤強扶弱，抑鋤弱扶強？

2　你在日常生活中，不論在金錢上或行動上，有多經常幫助弱勢羣體？有沒有考慮過將幫助弱勢的精神，成為你生活中的核心價值？為甚麼？要實踐這種精神，又會遇到甚麼攔阻？

3 你認為你身邊的弱勢羣體與你有何關係？讀完這些經文後，你與他們的關係會否有所改變？

| 實踐 |

筆者自從讀到這些不可不幫助窮人的教導後，便更多留心在金錢上支持扶貧工作，一方面是因聖經的吩咐，另一方面是筆者深感自己能夠有「足夠」的生活，都是上帝憐憫的恩典，而上帝也希望我們將這恩典分享給在生活上因種種原因而致貧的人，讓他們都可以有基本的生活保障。所以，若你的生活充足，也可以嘗試開列出一些扶貧名單，從今天開始，按你的能力去幫助他們，實踐愛人如己的精神。

註釋

1 賴建國：《出埃及記（卷下）》（香港：天道書樓，2005），頁 156～159。

2 Baruch A. Levine, *Leviticus*, JPSTC (Philadelphia, New York, Jerusalem: JPS, 1989), 128; Jeffrey H. Tigay, *Deuteronomy*, JPSTC (Philadelphia, Jerusalem: JPS, 1996), 226～227.

3 Jacob Neusner, *The Mishnah: A New Translation* (New Haven, CT, London: Yale University Press, 1988), 14～15.

4 Levine, *Leviticus*, 127.

5 參路得記二章 3 及 7 節。

6 Levine, *Leviticus*, 171.

7 關於安息日的聖經意義可參本書第一章。

8 Duane L. Christensen, *Deuteronomy 1:1 ～ 21:9*, WBC 6A (Dallas, TX: Word Books, 2001), 312.

9 Tigay, *Deuteronomy*, 146.

10 劉少平：《申命記（卷下）》（香港：天道書樓，2003），頁 93。

11 Tigay, *Deuteronomy*, 217.

12 Mark E. Biddle, *Deuteronomy*, SHBC (Macon, GA: Smyth & Helwys, 2003), 360, 361.

13 Tigay, *Deuteronomy*, 225.

14 參士師記五章 30 節。

15 Tigay, *Deuteronomy*, 194.

16 Tigay, *Deuteronomy*, 221.

17 參利未記二十五章 39 至 55 節。

18 Tigay, *Deuteronomy*, 148～149.

19 Tigay, *Deuteronomy*, 150.

20 Tigay, *Deuteronomy*, 148～149.

21 劉少平：《申命記（卷下）》，頁 266。

22 申命記十五章 1 至 6 節。

04 平安

Shalom

天國子民的平安與暴力

——我來不是叫地上平安？

若在　這 邪惡 的　世代中，
我們 沒有　帶來 任何 衝突，
我們　或許　要
在　上帝　面前
感到 羞愧，

因為我們可能已被這世界同化，
與世界沒有兩樣了。

上帝創造世界的目的是希望讓人在地上可以活得圓滿美好，而人類在地上的責任則是要將上帝公義憐憫的創造秩序帶進這世界。明白了這重要的基礎後，下一步就是要將這創造秩序具體地落實在地上。可是，我們活在亞當（人類的意思）犯罪後的世界，大地已變得空虛混沌，淵面黑暗，邪惡當道。要在這已極度扭曲的世界中，回復上帝原初的創造秩序及價值，就如同要將一幅已給一羣頑劣孩子亂畫一通的畫紙，復修成為一幅美麗的風景圖畫般困難；而且，當你一面復修，頑皮的孩子們仍一面繼續在畫紙上亂畫，甚至更用力地畫，並羣起用盡一切方法阻止你復修。因此，若要好好復修這圖畫，首要任務是想想如何對付這羣惡劣孩子，而為了達至這一目的，有時可能真的需要用上一些「極端」的手法呢。

一、帶來平安的耶穌？

在教會的傳統教導中，耶穌基督是「和平的君」(賽九6)；在福音書中，耶穌的使命是要在地上將平安歸與祂所喜悅的人(路二14)；耶穌也經常叫那些生命被祂釋放的人「平平安安地去吧」(原文是「去進入平安」，參可五34；路七50，八48)；耶穌更教導門徒「使人和睦的人有福了！因為他們必稱為上帝的兒子」(太五9)。「使人和睦」(*eirēnopoiois*)這詞在聖經中只出現過一次，但這字與「平安」(*eirēnē*)乃同一字根，更好的翻譯應為「使人平安」。[1] 可以說，耶穌帶來的福音，是希望讓人的生命在地上得到平安。

可是，福音書還有兩處地方，記載到祂來不是叫地上平安：

> 你們不要想我來是叫地上太平〔平安〕；我來並不是叫地上太平〔平安〕，乃是叫地上動刀兵。

> 因為我來是叫人與父親生疏，女兒與母親生疏，媳婦與婆婆生疏。（太十 34～35）

> 你們以為我來，是叫地上太平〔平安〕嗎？我告訴你們，不是，乃是叫人紛爭。從今以後，一家五個人將要紛爭：三個人和兩個人相爭，兩個人和三個人相爭；父親和兒子相爭，兒子和父親相爭；母親和女兒相爭，女兒和母親相爭；婆婆和媳婦相爭，媳婦和婆婆相爭。（路十二 51～53）

究竟耶穌為何會說出這兩段話？這是否與祂來到地上的目的及使命相違？本章嘗試從創造神學的角度解讀耶穌這兩段話。

二、聖經中的平安

1. 舊約

舊約中的「平安」，在希伯來文中主要是 *šālôm* 這詞，意思是「圓滿的/完全的」。哪裏圓滿、完全、合一，那裏就有平安。平安是以色列人日常的問安語，「願你平安」這問候，包含了世界的平安、人與人之間的和平，以及人內心的平安與和諧。[2] 在舊約中，這詞的使用涉及很多範疇：在傳道書中，平安與戰爭相比：爭戰有時，和好（平安）有時（傳三 8）；不少經文顯示平安是要止息敵對關係（申二十 10～12；書九 15，十 1，十 4，十一 23；王上五 4）；平安也表達了人與人之間的友好關係（士四 17）；平安有時與勝利有關（士八 9；王上二十二 27～28；耶四十三 12）；平安也關乎物質豐富（彌三 5；亞八 12）；平安甚至與死亡的安息有關，耶和華對亞伯蘭說：「你要享大壽數，平平安安地歸到你列祖那裏，被人埋葬」（創十五 15）；平安很多時亦與公義有關：「要離惡行善，尋求和睦〔平安〕，一心追趕」（詩三十四 14）。這裏的平安不是一種生命狀態，而是一種追求的理想，這理想透過離惡行善而得。

再者，撒迦利亞書亦提到：「你們所當行的是這樣：各人與鄰舍說話誠實，在城門口按至理判斷，使人和睦〔平安〕。誰都不可心裏謀害鄰舍，也不可喜愛起假誓，因為這些事都為我所恨惡」(亞八 16～17)。由此看來，生命中各種公義，如說話誠實、按公正判斷、內心沒有謀害鄰舍的念頭、不起假誓等，都是使人平安的重要元素。詩篇八十五篇 10 節說：「慈愛和誠實彼此相遇；公義和平安彼此相親。」以賽亞書三十二章 17 節也說：「公義的果效必是平安；公義的效驗必是平穩，直到永遠。」由此可見，要有平安，公義的踐行是不可或缺的。此外，平安不單是今世的事，也指向將來的願景。當耶和華論及祂要造新天新地時(賽六十六 22)，祂指出「我要使平安延及她〔錫安〕，好像江河，使列國的榮耀延及她，如同漲溢的河。你們要從中享受，你們必蒙抱在肋旁，搖弄在膝上」(賽六十六 12)。這平安美好的狀態，會於將來的新天新地出現。[3]

2. 新約

「平安」的新約希臘文最主要是 *eirēnē* 這詞，新約對這詞的用法深受猶太文化中 *šālôm* 的觀念影響。它們兩者的意思基本上差不多，也都是猶太人主要的問安語(路二十四 36；約二十 19、21、26），有完全、圓滿、和諧的意思。

在福音書中，當耶穌醫治了人的病或赦免了人的罪，往往都會對他們說「你平平安安地去吧」（可五 34；路七 50，八 48），如前所述，原文意指你「去進入平安吧」，這裏的平安是指身體或生命回復完全及美好的狀態。門徒傳道也以這平安為核心：「無論進哪一家，先要說：『願這一家平安。』那裏若有當得平安的人，你們所求的平安就必臨到那家；不然，就歸與你們了」（路十 5～6）。

耶穌的使命就是將這平安帶給世人：「要照亮坐在黑暗中死蔭裏的人，把我們的腳引到平安的路上」（路一 79）；「在至高之處榮耀歸與上帝！在地上平安歸與他所喜悅的人」（路二 14）。論到耶路撒冷，耶穌為她哀哭，說：「巴不得你在這日子知道關係你平安的事」（路十九 42 上）。而耶穌所賜的平安與世界所賜的不一樣（約十四 27），這平安是要在祂裏面，擁抱祂的價值觀才能得到的（約十六 33）。

在書信中，保羅經常用「平安的上帝」這短語（羅十六 20；林後十三 11；帖前五 23；帖後三 16；腓四 9），意思是上帝不是混亂的，而是和平（平安）的（林前十四 33）。這平安的上帝要將撒但踐踏在信徒的腳下（羅十六 20）。對信徒而言，這平安的上帝期望他們有美好的德行：「願弟兄們都喜樂。要作完全人；要受安慰；要同心合意；要彼此和睦。如此，仁愛和平〔平安〕的上帝必常與你們同在」（林後十三 11）；也願意使他們成聖：「願賜平安的上帝親自使你們全然成聖」（帖前五 23）。這平安的召命，甚至比信徒與不信者的婚姻關係更重要：「倘若那不信的人要離去，就由他離去吧！無論是弟兄，是姊妹，遇著這樣的事都不必拘束。上帝召我們原是要我們和睦〔平安〕」（林前七 15）；這平安是要我們主動去追求的（羅十四 19；弗四 3；提後二 22；來十二 14），務求在羣體中追求和睦，並且要離惡行善（彼前三 11）。此外，這平安是要打破一切種族、宗教、政治的隔膜：基督就是我們的和平（平安），「將兩下合而為一，拆毀了中間隔斷的牆」（弗二 14）；這平安就是福音的內涵（弗二 17，六 15）。[4]

3. 創造神學中的平安

聖經中平安所涉及的層面十分廣泛、豐富：圓滿、完全、合一；世界的平安、人與人之間的和平、人內心的和諧、止息敵對及戰爭；物質豐富；與死亡的安息有關；踐行公義——離惡行善、與鄰舍說誠實話、在城門口按至理判斷、不可心裏謀害鄰舍、不可喜愛起假誓；身體或生命回復完全及美好的狀態；門徒傳道的核心、耶穌使命的重點；與混亂對立、將撒但踐踏在信徒腳下；踐行美好的德行——喜樂、作完全人、受安慰、同心合意、彼此和睦；使信徒成聖；上帝的召命；打破一切種族、宗教、政治的隔膜；福音的內涵等等。

其實，平安那廣泛、豐富的意義，一早已蘊含在創世記的創造故事中。正如本書第一章所提及，聖經的創造故事並不是一個「從無變有」的過程，而是一個「從有到有」、「從混亂變秩序」的過程：在創造以先，已經有一些事物或一種狀態存在，就是空虛混沌的地、淵面、黑暗。透過六日裏三組的創造（第一日創造光與第四日創造光體，第二日將水分上下與第五日創造天和海的生物，第三日創造陸地及植物與第六日創造地上的生物及人類），本來混亂、邪惡、黑暗的地和深淵，變成一個界限分明、各從其類的世界。

在這六日的創造中，作者記載耶和華幾乎每天都看自己的創造是好的（創一4、10、12、18、21、25），而在第六日，耶和華「看著一切所造的都『甚好』」（創一31）。這「甚好」表達了上帝眼中的創造之圓滿狀態。換句話說，當世界的每一部分都按照上帝的創造秩序而建立，那就是上帝創造世界的原初心意的呈現。**一切都在上帝的創造秩序下得到圓滿、和諧、美好，這正是以色列人祝福人平安的內涵。**[5]筆者經常以中國人過農曆新年時，其揮春上所有美好祝福語的總和，來形容聖經中的平安。它的意義遠超字面「平安無事」的消極理解，而是積極地祝福人生命的各層面，皆處於「甚好」的狀態。

要處於這種「甚好」的狀態，先決條件是世界要依上帝的創造秩序運行；離開了這創造秩序，世界又變回「空虛混沌，淵面黑暗」的狀態。而這創造秩序的內涵，則載於聖經中的誡命、律例、典章。五經中接近一半經文記載了各樣誡命律例，這些誡命律例涉及以色列人生活的各層面，包括禮儀、家庭、社會等，它們是上帝要求人類遵守的創造秩序，是人類在地上得平安的重要基石。

總的來說，上帝創造世界時，希望人類及整個世界能處於圓滿美好幸福的狀態，就是平安的狀態，而惟有遵守上帝的創造秩序，才能獲得這樣的平安。所以當我們祝福他人平安時，其實是希望對方能夠回到創世記一章「上帝看為甚好」的狀態。

三、為何耶穌說「我來不是叫地上平安」?

上帝的創造心意，是希望讓這世界處於平安的狀態，而耶穌的使命，是將這平安帶到世上，祂也叫門徒將這平安的信息傳揚開去。然而，為何福音書竟然兩次記載祂不叫地上平安（參頁 92～93）?讓我們先由舊約聖經的兩個例子講起。

1. 舊約的反創造例子

A. 洪水故事（創六～九章）

上帝創造世界時本來看一切都「甚好」（創一～二章），可惜根據創世記三章的記載，人類後來破壞了上帝的創造秩序，吃了不可吃的善惡知識樹的果子。後來該隱亦因上帝看不中他獻上的祭物，而將他的兄弟亞伯殺害（創四章）。自此，世界又回到創造之前那種「空虛混沌，淵面黑暗」的狀態，而這種狀態在創世記六章去到高峯。當時人在地上罪惡很大，終日所思想的盡都是惡（創六 5），世界在上帝面前敗壞，地上滿了強暴（創六 11、13）。耶和華本來「看見」世界的一切都甚好，現在卻「看見」世界敗壞了（創六 12），便後悔造人在地上，心中憂傷（創六 6～7）。於是，耶和華決定要將所造的人和走獸，並昆蟲，以及空中的飛鳥都從地上除滅（創六 7）。這段敘述的原文亦給我們透露了一些玄機：創世記六章 12 節説上帝見世界敗壞了（*šāḥaṯ*），於是要把他們和地一同毀滅（*šāḥaṯ*）。原來上帝毀滅人，是因為人先敗壞世界；是人敗壞上帝的創造秩序在先，故此上帝便毀滅人，用洪水毀滅世界。[6]

值得留意的是，整個洪水事件充滿了「反創造」的特性。首先，在創造時，上帝創造活物的次序是飛鳥、昆蟲/野獸、人（創一章）；但在六章7節中，上帝卻逆著創造的次序，要將所造的人和走獸，並昆蟲，以及空中的飛鳥都從地上除滅。[7] 在創造的第二日，上帝創造了空氣，將水分成天上的和天下的水（創一6～7），意思是將水限制在某些地方；但在洪水事件中，上帝使大淵的泉源裂開了，天上的窗戶也敞開了（創七11），水不再被限制。在第三日的創造，上帝令天下的水聚在一處，使旱地露出來（創一9），當時水與陸地是分開的；但洪水發生時，天下的高山都淹沒了，山嶺也淹沒了(創七19～20)，水與陸地不再分開。在創造時，上帝創造了地上所有生物（創一20～28）；在洪水中，一切活物都淹死了（創七21～23）。

上帝這反創造的行動表達了甚麼？為何上帝要將自己親手創造的毀滅？上文已經說過，上帝毀滅人是因為人先敗壞世界。從創造神學的角度看，上帝的創造是「從混亂到井然有序」，透過區分劃界，將混亂的世界變成井然有序、美好的世界；可是人卻不接受上帝的創造秩序，將上帝的創造秩序破壞淨盡。既然人不接受上帝的創造秩序，上帝便恢復創造之前的那種「空虛混沌，淵面黑暗」的狀態，但這狀況根本是人所不能承受的，人不可能在這種狀況之下生存。上帝「反創造」，不是祂不想將平安帶給人類，而是因為人類先不想要這平安，上帝便以其人之道還治其人之身，「成全」人類的要求，結果人就毀滅在自己的「意願」之下。

然而，**反創造的毀滅不是故事的終結**。早在洪水臨到之前，耶和華已吩咐挪亞建造方舟。耶和華的吩咐帶著「創造的語言」，例如祂叫挪亞帶各種活物進方舟時，是「飛鳥各從其類，牲畜各從其類，地上的昆蟲各從其類」（創六 20），這是創造時的次序。洪水之後，創造的景象又再次出現：上帝叫風吹地（創八 1），這「風」的原文與上帝的靈運行在水面上（創一 2）的「靈」（*rûaḥ*）是同一個詞，都是指新創造的開始；淵源和天上的窗戶都閉塞了，天上的大雨也止住了（創八 2），正如創造時上帝將水分為上下（創一 6～8）；山頂都現出來（創八 5），正如創造時旱地露出來（創一 9）；上帝叫凡有血肉的活物在地上多多滋生(創八17),正如祂創造時賜福各樣有生命的動物滋生繁多(創一22);一切走獸、昆蟲、飛鳥、牲畜、和地上所有的動物,各從其類,也都出了方舟(創八19),正如創造時,地上充滿了各從其類的生物(創一12、21、24、25);上帝賜福給挪亞和他的兒子,囑咐他們要生養眾多,遍滿了地(創九1、7),同樣,上帝創造時也吩咐人要生養眾多,遍滿地面(創一28);上帝重申祂造人是照自己的形象造的(創九6),正如祂創造時,是照自己的形象造人(創一26~27)。[8]

這反創造又再創造的意義是:上帝希望人活在從創造秩序而來的平安之中;但當人抗拒上帝這美好的平安,上帝會不惜「反平安」,藉此將抗拒平安的力量除滅,然後再重新建立讓人美好平安的秩序。所以**「反平安」只是上帝針對人抗拒平安而設的一種回應方式,以建立真正的平安**。「反平安」並不是上帝的終極心意。

B. 出埃及的故事(出一~十五章)

類似的創造與反創造,也出現在以色列民出埃及的故事中(亦參第一章,頁14及以下)。當時以色列民寄居在埃及，但他們卻「生養眾多，並且繁茂，極其強盛，滿了那地」（出一7），這創造語言呼應著創世記中上帝對人的賜福：「生養眾多，遍滿地面」（創一28）。因這生養眾多的賜福威脅著法老，所以法老下諭令，要苦待以色列人，甚至要將他們的男孩殺光，以絕他們的後代。於是法老在整個故事中，成為了反創造秩序的象徵。

耶和華呼召摩西拯救以色列人離開埃及，在過程中降下十災。十災充滿了「反創造」的特性：上帝創造時大自然及各種生物都各從其類，井然有序，但在十災中，無論是涉及大自然的（水變血之災、冰雹之災、黑暗之災），還是關於動物昆蟲的（蛙災、虱災、蠅災、畜疫之災、蝗災等），都讓世界變得混亂失控；上帝創造時是人管理動物昆蟲，但十災中的動物昆蟲卻讓人束手無策，使人煩擾不堪；上帝創造時將光暗分開（創一3），黑暗之災又將世界帶回創造之前的狀態；上帝創造時吩咐人生養眾多（創一28），殺長子之災卻與這吩咐背道而馳。

此外，過紅海的敍事也充滿了創造與反創造特性：

當以色列人走到紅海邊緣時，上帝的使者轉到他們後邊去，雲柱也從他們前邊轉到他們後邊立住，在埃及營和以色列營中間有雲柱，一邊黑暗，一邊發光，終夜兩下不得相近（出十四 19～20），上帝在這裏再次將光暗分開（參創一 3）。當耶和華吩咐摩西舉手向海伸杖時，耶和華便用大東風，使海水一夜退去，水便分開，海就成了乾地（出十四 21）。首先，大東風的「風」再次是「上帝的靈運行在水面上」（創一 2）中的「靈」字（*rûaḥ*），現在這風/靈同樣運行在水上；其次，「海水一夜退去，水便分開，海就成了乾地」再次呼應了創造時「天下的水要聚在一處，使旱地露出來」（創一 9）；埃及人那邊，上帝則使他們的軍兵混亂（出十四 24～25），而摩西伸杖，海水仍舊復原，水就回流，淹沒了車輛和馬兵，連一個也沒有剩下（出十四 26～28），這就又回到創造前「空虛混沌、淵面黑暗」的狀態。[9]這故事與洪水的故事帶出了同樣的道理。上帝的創造秩序原本要為以色列人帶來平安美好的生活，但法老卻抗拒這創造的賜福，他要反（上帝的）創造，要殺以色列人，要將以色列人淹死在河中。於是上帝再次以「反創造」回應法老，要殺埃及的長子，用紅海淹沒埃及人，讓他們回到創造之前的狀態，結果，人同樣無法在這「空虛混沌，淵面黑暗」的狀態中存活。再一次，上帝「反平安」的目的，是要除滅「反平安」的勢力，並拯救以色列人，好讓他們將耶和華的名傳遍天下（出九 14～16），建立一個真正平安的社會。

2. 耶穌的「反平安」（太十 34～35；路十二 51～53）

有了之前創造與反創造的背景，相信我們不難理解為何耶穌說「你們不要想我來是叫地上太平〔平安〕；我來並不是叫地上太平〔平安〕，乃是叫地上動刀兵」（太十 34）及「你們以為我來，是叫地上太平〔平安〕嗎？我告訴你們，不是，乃是叫人紛爭」（路十二 51）這兩段話。當然，正如前文所說，耶穌的使命是要為大地帶來平安。可是當時有抗拒這平安的勢力存在，甚至可以說，這「反平安」的價值觀已成為當時的主流。

在馬太福音中，耶穌差遣門徒將平安傳給別人；但當踐行這使命時，耶穌說他們如同羊進入狼羣，所以要他們靈巧像蛇，馴良像鴿子（太十 16）。然後耶穌教導門徒要防備人，因為有人要把門徒交給公會，也要在會堂裏鞭打門徒（太十 17）。耶穌更說「弟兄要把弟兄，父親要把兒子，送到死地；兒女要與父母為敵，害死他們」（太十 21）。門徒要為耶穌的名「被眾人恨惡」（太十 22）。當時耶穌曾將一隻鬼從一個啞巴身上趕走，將平安帶給他，眾人都希奇，但法利賽人卻說耶穌是靠著鬼王趕鬼（太九 32～34）。老師有這樣的遭遇，作為門徒的也不能倖免（太十 24～25），但耶穌卻鼓勵門徒不要怕這些「反平安」的勢力，因為他們只能殺身體，不能殺靈魂（太十 26～28）。從耶穌的講論中，可見當時種種「反平安」力量十分強大，因為耶穌帶來的平安，大大衝擊了當時人們的價值觀及利益。在這處境下，耶穌說：「你們不要想我來是叫地上太平〔平安〕；我來並不是叫地上太平〔平安〕，乃是叫地上動刀兵」（太十 34）。可見耶穌及門徒將真正的平安帶到地上時，勢必與這些「反平安」的勢力發生衝突。

在整卷馬太福音中，耶穌不斷主動挑戰各種反對天國價值的勢力，一直與當時的宗教和社會領袖辯論，以致出現種種衝突，導致最後他們要將祂釘十架。天國要降臨，但卻有人因各種利益及原因，極力抗拒這天國的來臨。耶穌為了在地上建立天國，於是和舊約中耶和華的做法一樣，透過「反平安／反創造」來糾正他們的種種錯誤。事實上，耶穌絕對可以讓大地繼續「平安」，不用「動刀兵」，只要繼續容讓當時的主流價值留傳下去便可以。可是耶穌並沒有這樣做——除非祂不想為大地帶來真正的平安。若祂真的想帶來平安，祂必須將這些「假平安」除去，而除去的方法便是「反平安」。正義必然與邪惡對立，要趕走邪惡，衝突必不可免，否則正義將永遠無法達至。這就是耶穌說「我來並不是叫地上平安」的原因。

路加福音與馬太福音背景相若，耶穌同樣對門徒說不要怕「那殺身體以後不能再做甚麼的」（路十二4）——就算人會帶門徒到會堂，並官府和有權柄的人面前（路十二11）。耶穌曾對法利賽人說，他們洗淨杯盤的外面，裏面卻滿了勒索和邪惡，他們都是無知的人（路十一39～40），並痛斥法利賽人及律法師的種種邪惡行為（路十一37～52）。之後耶穌便教導眾人不要像法利賽人及律法師般做無知的人（路十二20），在金錢上不要像他們一樣貪婪，要有正確的價值觀（路十二 13～34），並且不要像他們那樣不守好自己的職分，反要警醒，做一個忠心、有見識的管家（路十二 35～48）。在這背景下，耶穌說：「你們以為我來，是叫地上太平〔平安〕嗎？我告訴你們，不是，乃是叫人紛爭」（路十二 51）。同樣，耶穌最終的使命，是要把人的腳引到平安的路上（路一 79），並使地上的平安歸與上帝所喜悅的人（路二 14）。可是，在帶來這平安的過程中，有抗拒這平安的勢力存在。因此，為要帶來平安，耶穌得挑戰這「反平安」的勢力，而當中引起紛爭，是在所難免的。

四、結語：與「反平安」的勢力衝突自是必然

為了給地上帶來真正的平安，耶穌沒有姑息邪惡勢力，也沒有與這些「反平安」的勢力保持和諧的關係；[10] 相反，祂主動挑戰他們的種種惡行，並面對各種衝突，甚至最終走上十架之路，也在所不惜。試問，在一個邪惡的世界中，若沒有任何衝突出現，那代表了甚麼？而在充滿「反平安」價值觀的社會中，維持他們的「平安」，

又會帶來怎樣的後果？在「反創造秩序」的社羣中保持緘默，又會助長甚麼？**「從混亂到井然有序」的過程，就是要先顛覆混亂，然後才能撥亂反正，回到秩序當中**。而在這顛覆混亂的過程中，難免會引起衝突甚至分裂。

身為天國的子民，我們實在毋須為這些衝突或分裂的存在而過分不安及羞怯，因為這是耶穌所曾告訴我們的。當我們面對這些因為正義而引起的衝突或分裂時，我們就應該知道這正是對祂的國和祂的義的追求（太六33）。耶穌說「為義受逼迫的人有福了！因為天國是他們的」（太五10）。若在邪惡的世代中，我們沒有帶來任何衝突，我們或許要在上帝面前感到羞愧，因為我們可能已被這世界同化，與世界沒有兩樣了。

但願上帝的平安臨到這世界，驅走「反平安」的邪惡力量，達至真正的平安。

思考問題

1 你過去如何理解聖經中「平安」這觀念？現在你又會

怎樣理解？

2 在你的信仰中，會否只因為要「合一」，就不容許有衝突存在？看過這一章，你的觀念有否改變？

3 在我們生活中，會否因為想避免衝突，就算看見不公義的事情，都默不作聲，任由邪惡勢力張牙舞爪？或是只顧自保，而對邪惡沉默不理？

4 你如何理解上帝以反創造去對付反創造的作為？上帝這樣的做法你認同嗎？

5 試想像一下：若這世界一直存在著各種邪惡、強權、欺壓的事情，而當中並沒有任何衝突，這會是一個怎樣的世界？你會怎樣形容這樣的世界？

｜實踐｜

在一個邪惡的世代，要彰顯上帝的公義，要回復上帝的創造秩序，衝突有時在所難免，甚至可說是必然的。其實從創世記三章開始，整本聖經都記載著人類歷史種種的衝突，可說是正義與邪惡對抗的長篇故事。可是上帝的子民在這抗爭中的表現一直「差強神意」，三番四次悖逆上帝心意，並被邪惡力量所勝過。這戰爭要直至耶穌基督被釘在十字架上才得到真正的勝利。耶穌作為「人子」為人類作了一次完美的示範——不論邪惡力量如何打壓，祂寧死都不低頭。而耶穌基督的死亡，正正是挑戰邪惡權勢的結果。宗教改革家馬丁路德曾說：「沒有冒犯和騷動，福音不能真正被傳開。」平權運動領袖馬丁路德金也曾說：「最大的悲劇不是壞人的囂張跋扈，而是好人的過度沉默。」詩人但丁亦說過：「地獄裏最熾熱的地方，是留給那些在出現重大道德危機時，仍然要保持中立的人。」這些說話的精神與耶穌基督為實踐天國價值而帶來衝突的做法，可謂同出一轍。今天我們稱自己為「基督」徒，我們有否效法基督這種堅持彰顯上帝公義的精神？當有人為義受逼迫時，我們會否去幫助他？還是為了和稀泥的所謂「保持中立」，沉默不語？

註釋

1 《呂振中譯本》及《思高譯本》皆譯為「締造和平」。

2 魏道思拉比(Rabbi Wayne Dosick):《猶太信仰之旅:猶太人的信仰傳統與生活》,劉幸枝譯(台北:聖經資源中心,2006),頁414。

3 Joseph P. Healey, "Peace-Old Testament," in *Anchor Bible Dictionary*, volume 5, ed. David Noel Freedman (New York: Doubleday, 1992), 206～207.

4 William Klassen, "Peace-New Testament," in *Anchor Bible Dictionary*, volume 5, ed. David Noel Freedman (New York: Doubleday, 1992), 209～212.

5 參禤浩榮:《創造神學——從神的創造看救恩真義及信徒生活》(香港:天道書樓,1998),頁24～28。

6 鄺炳釗:《創世記(卷一)》(香港:天道書樓,1997),頁522。

7 鄺炳釗:《創世記(卷一)》,頁501。

8 鄺炳釗:《創世記(卷一)》,頁557。

9 參 Peter Enns, *Exodus* (Grand Rapids, MI: Zondervan, 2000), 198～292;另參 Terence E. Fretheim, *Exodus* (Louisville, KY: John Knox Press, 1991), 105～161。

10 「河蟹」為「和諧」的普通話諧音,現今已被廣泛視為一個貶義詞,意即與邪惡勢力保持和諧關係,沒有對之提出任何批判。

05 得勝
Triumph

亂世中的十架力量
——得勝罪惡的權勢？

耶穌　　　　　　　　　是

　　　　　　　　　　　透過　　　他們

對　　祂　　的

　　　　　　　　拆毀

　　　　　　來　　　　　　拆毀　　　　　　他們，

透過他們的勝利
去勝過他們。

在「誰大誰惡誰正確」的時代，邪惡勢力好像是勝利的一方，而被釘十字架好像是羞辱與痛苦的失敗記號。然而，耶穌呼召門徒背起十字架來跟從祂，難道是希望門徒走上一條失敗的道路？可聖經卻告訴我們，十字架從來都是榮耀得勝的記號！——但究竟這十字架榮耀之處在哪？它又如何得勝邪惡？在十架事件中，到底誰才是真正的贏家？而十字架如何成為門徒信仰的核心精神？下面我們會從馬可福音的十架敘事來思考這些問題。

一、十字架的羞辱？——誰是真正的強盜？

單從人的角度看，被釘死在十字架上的，當然是

「失敗者」，但真相是甚麼？認清事情的本質，搞清事物的真相，是解決問題的最重要元素。這裏我們先從馬可福音一個有趣也可能較易為人忽略的主題——「強盜」（*lēstēs*）——出發。耶穌潔淨聖殿，可說是宗教領袖想要謀害耶穌的關鍵事件，而「強盜」這主題也正是由這裏開始。

1. 由聖殿到賊窩

耶穌潔淨聖殿，趕出殿裏做買賣的人，推倒兌換銀錢之人的桌子和賣鴿子之人的凳子，馬可福音告訴我們是因為當時的社會－宗教領袖（socio-religious leaders）——文士、長老、祭司長——將萬國禱告的殿變成賊窩（可十一 15 ～ 17）。「萬國禱告的殿」的典故來自以賽亞書五十六章 1 至 8 節，當中教導聖殿的真義是要讓人守公平、行公義、謹守安息日精神、禁止己手不作惡、不歧視排斥他人（外邦人、太監）、揀選耶和華所喜悅的事、持守耶和華的約（誡命律例）等，因耶和華的殿必稱為萬民禱告的殿。而「賊窩」的典故則來自耶利米書七章1至11節，先知耶利米勸導猶大人要改正行動作為，在人和鄰舍中間要誠然施行公平，不欺壓寄居的和孤兒寡婦，在這地方不流無辜人的血，不隨從別神陷害自己，但他們不但沒有改正，更加倚靠虛謊無益的話，他們偷盜、殺害、姦淫、起假誓、向巴力燒香、隨從素不認識的別神……令這稱為耶和華名下的殿變成了「賊窩」。聖殿原來的功能是要讓人在當中學習遵行上主的心意，它本身是實踐上主價值的心臟地帶，而以色列的社會—宗教領袖應該按上主的心意教導子民實踐以上種種精神，可惜他們卻將這地方變成了「賊窩」。「賊」（*lēstēs*）這字原文與「強盜」（*lēstēs*）是同一詞，換句話説，**在耶穌眼中，社會—宗教領袖正是違反聖殿精神的「強盜」，祂剛烈的顛覆行動，目的是要回復聖殿原有的精神價值**。而聖殿是這些社會—宗教領袖權力的總壇，是他們地位身分的中心，耶穌這顛覆行動，自然引起他們極度的仇視。他們於是就想法子要除滅這「眼中釘」（可十一18），但因為眾人希奇耶穌的教訓，所以他們惟有另設方法才能行動。

2. 由捉拿「強盜」耶穌，到釋放巴拉巴

當時正值逾越節，社會—宗教領袖一直在想法子用詭計捉拿耶穌，要殺祂，但他們說：「當節的日子不可，恐怕百姓生亂」(可十四 1～2)。後來他們與耶穌十二門徒之一的猶大串通，猶大將耶穌的行蹤出賣給社會—宗教領袖，告訴他們祂在晚餐後會往客西馬尼。晚上，猶大就帶同從社會—宗教領袖那邊來的人馬，帶著刀棒，到客西馬尼捉拿耶穌(可十四 43～47)。當時耶穌回了一句：「你們帶著刀棒出來拿我，如同拿強盜嗎？」(可十四 48)「強盜」(*lēstēs*)這詞意味著，原本破壞聖殿精神的強盜，即那些領袖，現在卻將那重建聖殿精神的耶穌看為強盜般捉拿。

在公會大祭司的審訊中，耶穌承認自己是那當稱頌者的兒子基督，大祭司判定祂說了褻瀆上帝的話，於是領袖們都定了祂該死的罪(可十四 53～65)。由於猶太人在羅馬社會中沒有權力定人死罪，於是宗教領袖們一到早晨便將耶穌解去交給羅馬總督彼拉多(可十五 1～ 15)。彼拉多經過一番審問，不覺得耶穌犯了甚麼罪；相反，他

「挑通眼眉」，知道祭司長是因為嫉妒才把耶穌解來（可十五10），於是趁著節期有可以釋放一個囚犯的習俗，提出將巴拉巴——一位和作亂的人一同捆綁，並在作亂的時候曾殺過人的強盜——與耶穌並列，叫羣眾在兩人中選擇釋放一人。照牌面看，耶穌沒有犯甚麼罪，與作亂殺人的強盜巴拉巴相比，理應釋放耶穌吧。可是祭司長卻挑唆羣眾，寧可釋放巴拉巴。之前領袖害怕羣眾生亂，不敢殺害耶穌（可十四1～2），現在卻主動挑唆羣眾去做。聖經上乘的文學向我們表達了一個重要的信息：巴拉巴是在暴亂中殺過人的強盜，而現在祭司長正醞釀暴亂去殺害耶穌，即是說，巴拉巴正好象徵著社會—宗教領袖！巴拉巴曾經做的，正是領袖即將要做的！所以真正的強盜其實是那些領袖們。後來領袖及羣眾說要釋放巴拉巴，彼拉多便問：「你們所稱為猶太人的王，我怎麼辦祂呢？」羣眾便喊著說要把祂釘十字架，彼拉多再問為甚麼呢，祂做了甚麼惡事呢？羣眾沒有回答，只更極力地喊著說：「把祂釘十字架！」（可十五12～14）諷刺的是，應被釋放的耶穌，被判處巴拉巴應受的十字架刑罰；應受十字架刑罰的巴拉巴，卻得到耶穌應有的釋放。

耶穌被釘十字架時，上面寫著祂的罪狀：「猶太人的王」。他們又把兩個強盜和祂同釘十字架，一個在右邊，一個在左邊（可十五 26～27）。諷刺的是，在兩個強盜（*lēstēs*）中間的，原本應是強盜巴拉巴，現在卻是無辜的耶穌。更深層地說，耶穌被釘在兩個強盜中間，是因為真正破壞聖殿精神的強盜——那些社會—宗教領袖——害怕自己的既得利益受到威脅，於是要除滅真正建立聖殿精神的耶穌，並將祂冠以「強盜」的身分來殺害。其實要被釘在兩個強盜中間的，豈不應是真正的強盜嗎？——祭司長、文士、長老！因此，耶穌的被釘，徹頭徹尾是冤屈枉殺。

今天，真正的「強盜」是誰？答案很簡單，誰人不守公平、不行公義、不謹守安息日精神、不禁止己手作惡、歧視他人、沒有揀選耶和華所喜悅的事、沒有持守耶和華的約（誡命律例）、沒有在人和鄰舍中間誠然施行公平、欺壓寄居的和孤兒寡婦、流無辜人的血、隨從別神、倚靠虛謊無益的話、偷盜、殺害、姦淫、起假誓等，都是「強盜」。而這些「強盜」為了維護自身利益，會將一切為回復聖殿精神而威脅到他們利益的人視為「強盜」，並冠以「強盜」的罪名，除之而後快。然而，今天一切被如此對待的「強盜」都分嘗了耶穌昔日被屈枉的經歷，他們都參與了耶穌的生命情操，他們或多或少都與耶穌基督連上了生命的關係。

耶穌被釘十字架，絕對是一樁被邪惡屈枉的悲劇，但與此同時，祂的被釘卻也百分百是上主的心意及計劃，為要成就更崇高的目的。接下來我們會從馬可福音敘事佈局來看看上帝的旨意如何成就。

二、十字架的謀害？——幕後玩家的佈局？

1. 由強盜的計謀到上帝的計劃

馬可福音的結構，可以大體分為上、中、下三部分。早在馬可福音的「上集」，已暗示耶穌及施洗約翰將會受害（可一 14，參六 14～29、二 19～20）。到了「中集」（可八 22～十 52），耶穌曾三次預言自己將要受害（可八 31、九 31、十 33～34）。綜合三次的描述如下：「人子必須受許多的苦，將要被交在人手裏，被長老、祭司長，和文士棄絕，他們要定祂死罪，要殺害祂，交給外邦人，他們要戲弄祂，吐唾沫在祂臉上，鞭打祂，殺害祂，被殺以後，過三天祂要復活。」這些預言，在「下集」(可十一1～十六8)一一實現。簡言之，猶太領袖這班「強盜」的計劃與行動，耶穌早已預言，而祂卻「明知山有虎，偏向虎山行」。可圈可點的是，耶穌說：「人子『必須』受許多的苦」，為何是「必須」? 大部分學者都會視這「必須」為「神聖的必須」(divine necessity)，即上帝定意要耶穌受苦被殺，耶穌非死不可。就算耶穌在客西馬尼三次求問上帝「倘若可行，求你將這杯撤去，然而，不要從我的意思，只要從你的意思」(可十四32～42)。結果耶穌最終還是要死。而這「神聖的必須」是透過「強盜」的邪惡計謀而成就，弔詭地說，「強盜」殺害耶穌的計劃本身也完全是上帝的計劃，螳螂捕蟬，黃雀在後，誰勝誰負，耐人尋味。

2. 由計謀得逞到應驗經上所記

在客西馬尼一幕(可十四43～52)，猶大帶著許多從祭司長和文士並長老的人來捉拿耶穌，這顯示他們正應驗耶穌所說「被長老、祭司長，和文士棄絕」的預言（另參可十四21）。然後，他們就下「手」拿住祂（可十四46），這行動則應驗了人子要被交在人「手」裏（這兩個「手」的原文都是 *cheir*）。然後耶穌回應說：「這事成就，為要應驗經上的話」（可十四49），這經上的話是指撒迦利亞書十三章7節及之前耶穌曾對門徒說過的話：「你們都要跌倒了，因為經上記著說：我要擊打牧人，羊就分散了」（可十四27）。換句話說，他們能夠捉拿耶穌，表面上是他們的計謀得逞，但其實他們正參與著上帝的計劃，應驗著經上所記的（另參可九12、十四21）。那時，門徒都離開耶穌逃走了（可十四50），這也應驗了經文所說的「羊就分散了」。

捉拿耶穌後，他們隨即把祂帶到公會大祭司那裏受審。經文告訴我們祭司長和全公會尋找見證控告耶穌，要治死祂，卻尋不著，並有好些人作假見證告祂，但他們的見證各不相合（可十四55～56），這說明了耶穌受苦並不是因他們有確實證據把祂入罪。另外，也有人作假見證說耶穌曾說：「我要拆毀這人手所造的殿，三日內就另造一座不是人手所造的」(可十四 57～58)。事實上，耶穌沒有說過這話，但祂的確對門徒說過聖殿將來沒有一塊石頭留在石頭上，不被拆毀(可十三 1～2)。諷刺地，敵人這「假見證」卻道出了「真預言」，就是耶穌曾預言祂死後三日將會復活(可八 31、九 31、十 34)。透過這死亡及復活，耶穌將會建立一個全新及更超越的殿，這新「殿」不是另一座屬物質、人為的建築物，而是一個屬靈、上帝所造的殿，耶穌成為這殿的「房角石」，這「房角石」被匠人(猶太領袖)所棄，卻被上帝委以重任，作了「房角石」(可十二 1～12)。

此外，當大祭司問耶穌：「你甚麼都不回答嗎？」耶穌卻不言語，一句也不回答(可十四 60～61)。為何耶穌不回答？若耶穌反駁他們無力而各不相合的假見證，耶穌自然可以脫身，不用受苦，但這樣祂便不能踐行天父的心意——人子是「必須」受苦的。這裏再一次證明耶穌的受苦是因為體貼上帝的意思，而不是敵人奸計得逞的結果。這一點在大祭司詰問耶穌是不是那當稱頌者的兒子基督時，更清楚展示出來——若耶穌承認的話，在猶太領袖眼中祂便是在褻瀆上帝，因祂視自己是來自上帝，並有赦罪的權柄（參可二 5～7）。這是死罪。耶穌不但在可反駁別人的假見證時沒有反駁，在足以致死的問題中更坦然承認：「我是！你們必看見人子坐在那權能者的右邊，駕著天上的雲降臨。」於是大祭司撕開衣服，說：「你們已經聽見祂這僭妄的話了。你們的意見如何？」眾人都定了祂該死的罪（可十四 62～64）。不過，這一切都盡在上帝的計劃掌握之中。首先，耶穌在回不回答大祭司的問題上，完全處於主動位置：可令自己得釋放的問題，祂沒有反駁；可判死罪的，祂卻堅定回答。如果祂不作自我宣認，宗教領袖也拿祂沒法，不能入祂的罪。其次，眾人的回應也是在上帝的計劃之中，「定他該死之罪」早在耶穌的預言中出現，「人子將要被交給祭司長和文士，他們要定他死罪」（可十 33）。他們定耶穌死罪正正成就了上帝的計劃。隨後，有人吐唾沫在祂臉上，又蒙著祂的臉，用拳頭打祂，對祂說：「你說預言吧！」差役接過祂來，用手掌打祂（可十四 65），這些人的動作同樣也是耶穌一早所預言的，「他們要戲弄他，吐唾沫在他臉上……」（可十 34）；而叫耶穌說預言更是整個諷刺的高潮——表面上是耶穌處下風，遭人戲弄侮辱，並叫祂說預言，但事實上，這些人一直所做及將要做的，都早為耶穌所預言，他們的行動正正應驗了耶穌的話。這樣看來，究竟誰在控制大局？

由於猶太人沒有定人死罪的權柄，所以猶太領袖便將耶穌解去給羅馬總督彼拉多審訊（可十五 1～15），這行動又再次應驗耶穌的預言，「人子將要被交給祭司長……交給外邦人」（可十 33），上帝的計劃續繼進行。雖然彼拉多知道猶太領袖是因為嫉妒才把耶穌解來（可十五 10），但因不想破壞與猶太領袖的關係，並要叫眾人喜悅，最終將耶穌鞭打，交給人釘十字架（可十五 15）。隨後，兵丁演出一套嘲弄耶穌加冕的戲劇，他們為耶穌穿上紫袍，用荊棘編做冠冕給祂戴上，慶賀祂說：「恭喜啊，猶太人的王啊！」又拿一根葦子打祂的頭，吐唾沫在祂臉上，屈膝拜祂。戲弄完了，就給祂脫了紫袍，穿上祂自己的衣服，帶祂出去，釘十字架（可十五 16～20）。再一次，彼拉多及兵丁所做的一切都在耶穌的預言之中，「他們要定他死罪，交給外邦人，他們要戲弄他，吐唾沫在他臉上，鞭打他，殺害他」（可十 33～34）。更諷刺的是，兵丁以慶賀耶穌加冕來嘲弄祂，以「猶太人的王」來恥笑祂，但事實上，耶穌的確是猶太人的王，他們「假戲真做」而自己還懵然不知，這豈不教人失笑並慨歎於人徹底的無知無有？而彼拉多讓耶穌上十字架的決定也正正成就了上帝的計劃。**表面上，猶太領袖、羣眾、彼拉多及兵丁決定了耶穌的命運，但事實上決定耶穌命運的不是他們，而是上帝，他們都只是諷刺地在成就上帝計劃的過程中扮演了他們的角色。**那麼，究竟誰勝誰敗？

最後，當耶穌在十字架上，從那裏經過的人辱罵祂，搖著頭說：「咳！你這拆毀聖殿、三日又建造起來的，可以救自己，從十字架上下來吧！」祭司長和文士也是這樣戲弄祂，彼此說：「他救了別人，不能救自己。以色列的王基督，現在可以從十字架上下來，叫我們看見，就信了。」那和祂同釘的人也是譏誚祂（可十五28～32）。及後，有人以為耶穌呼叫以利亞，便說：「且等著，看以利亞來不來把他取下」（可十五35～36）。這些人都嘲弄耶穌，耶穌那麼有本事，可以從十字架上下來吧，但他們完全不明白耶穌上十字架全然是上帝的計劃，耶穌「必須」受苦，所以耶穌是絕不會從十字架上下來的。而在最後，耶穌也按照所預言的，死後第三天從死裏復活了（可十六 1～8）。

正如前文所說，耶穌被釘十字架，絕對是一樁被邪惡屈枉的悲劇，但同時也百分百是上主的心意及計劃。宗教領袖想要剷除耶穌，最終真的將這威脅他們既得利益的眼中釘除滅，表面看來他們大獲全勝，但誰知他們的勝利卻成就了上帝的勝利，他們的心願成就了上帝的心願，他們的計劃成就了上帝的計劃，最後真正的大贏家原來是上帝！今天，我們可能看見邪惡權勢好像在得勝，義的一方如耶穌般被屈枉受害，為義受逼迫，但馬可福音告訴我們，真正操控大局的是上帝，「魔高一呎，道高千丈」，邪惡看似得勝，卻原來成就了更高的心意。在聖經中，邪惡從來都是服膺在上帝主權下的奴僕，任其差使。上帝的智慧遠高過人的智慧，上帝的心意隱藏在人的邪惡背後。表面上邪惡權勢是贏家，但讀過經文後，盼望能豎立我們那份超越的洞見及信心，看到隱藏在事情背後的，是上帝在掌權，明白到最終得榮耀及勝利的是上帝。

那麼，究竟上帝在此事背後所隱藏更高的心意是甚麼？為何耶穌「必須」受苦？這受苦及復活又成就了基督怎樣的勝利？

三、十字架的力量？

我們明白了邪惡乖張背後上帝超越的作為，但我們這裏要進一步問：耶穌為何「必須」死？敵人要將祂置諸死地，為何祂要將計就計，真的「死畀你睇」？祂的死亡又成就了甚麼偉大的精神？傳統信仰告訴我們，耶穌的死亡及復活為世人帶來救恩，使人的罪得赦，使相信祂的人可以得著永遠的生命。但除此以外，在馬可福音的文學敍述中，耶穌的死亡及復活其實亦蘊含著其他極豐富的涵義，是值得我們深思的。

1. 十字架：追隨上帝的指標——由體貼人到體貼上帝

當彼得宣認耶穌是「基督」後，耶穌便開始預言基督將要走的路：「人子必須受許多的苦，被長老、祭司長，和文士棄絕，並且被殺，過三天復活」（可八31）。

當彼得攔阻祂，不讓祂赴死時，耶穌斥責彼得：「撒但，退我後邊去吧，因為你不體貼上帝的意思，只體貼人的意思」（可八 33）。「體貼上帝」的意思就是「若有人要跟從我，就當捨己，背起他的十字架來跟從我。」「體貼人」的意思就是「人就是賺得全世界，賠上自己的生命，有甚麼益處呢？人還能拿甚麼換生命呢？」（可八 34～37）這裏，十字架的捨己（體貼上帝）是相對於「賺得全世界」（體貼人）來說的。作為門徒的代表，彼得雖口裏稱耶穌為基督，但其生命卻往撒但的方向走，原來他跟從耶穌只是為了賺得全世界。在馬可福音「中集」（可八 22～十 52）裏，門徒所渴求的，全是一種「賺得全世界」的價值觀：耶穌登山變像，彼得深深留戀那榮耀時刻，縱然不知該說甚麼才好，也潛意識地說了一句：「我們在這裏真好！」（可九 5～6）下山之後，門徒只顧著為失去趕鬼的能力而迷茫，卻對耶穌的教導置若罔聞（可九 28～29）。之後，耶穌在路上問門徒議論甚麼，門徒默不作聲，因為他們在路上爭論誰為大(可九 33～34)，「誰是最大」竟是他們此時最關心的課題。其後，門徒看見一個人奉耶穌的名趕鬼，就去禁止他，因為他不是跟從他們的（可九 38），意思是只有跟從他們的才有資格趕鬼，可見門徒在尋求特權、追求優越、實踐排斥。不久之後，耶穌吩咐財主變賣所有分給窮人，財主卻憂憂愁愁地走了，因為他的產業很多（可十 17～22）。耶穌轉過來對門徒說：「有錢財的人進上帝的國是何等地難哪！駱駝穿過針的眼，比財主進上帝的國還容易呢！」門徒的反應竟然是「希奇」及「分外希奇」，然後更說了一句：「這樣誰才能得救呢？」（可十 23～26）言下之意，門徒認為財主才是適合進上帝國的人選，現在他們正努力進入上帝國呢！意即他們也想做財主。後來，雅各和約翰請求耶穌，賜他們在耶穌的榮耀裏，一個坐在祂右邊，一個坐在祂左邊（可十 35～37），其餘十個門徒聽見，就惱怒他們二人。為何惱怒？他們一個坐右邊，一個坐左邊，那其餘十個坐哪裏？原來所有門徒都想要爭坐榮耀的位置。這「賺得全世界」的方向——留戀現時的榮耀，關心能力，追求為大、優越、特權、財富，排斥別人，嚮往終極的榮耀——是體貼人，是撒但的方向。體貼上帝的十字架自然與這體貼人的方向相反。追求謙卑、做最小、嚮往平等、打破貧富及階級差距、破除優越特權等，才是基督真正的方向。基督已為彰顯這些價值而走上十字架，祂也希望跟從祂的人會走上同樣的道路。

2. 十字架：聖殿的破與立——由拆毀聖殿到重建聖殿精神

當耶穌在十字架上大聲喊叫，氣斷的時候，經文忽然說：「殿裏的幔子從上到下裂為兩半。對面站著的百夫長看見耶穌這樣喊叫斷氣，就說：『這人真是上帝的兒子！』」(可十五 37～39)馬可福音的敘述者將耶穌的死與聖殿連上關係自有其重要性。前文曾說，導致社會—宗教領袖要將耶穌置諸死地的最高峯事件，就是耶穌潔淨聖殿。社會—宗教領袖將「萬國禱告的殿」——一個守公平、行公義、謹守安息日精神、禁止己手不作惡、不歧視排斥他人(外邦人、太監)、揀選耶和華所喜悅的事、持守耶和華的約(誡命律例)等(賽五十六 1～8)的地方，變成了「賊窩」——在這地方，沒有在人和鄰舍中間誠然施行公平，卻在欺壓寄居的和孤兒寡婦、流無辜人的血、偷盜、殺害、姦淫、起假誓、向巴力燒香、隨從素不認識的別神等（耶七 1 ～ 11）。耶穌為要回復聖殿原初的精神，於是做出這極具象徵意義的潔淨聖殿行動（可十一 15 ～ 17）。簡單來説，耶穌要拆毀這虛假聖殿的外殼，建立真正的聖殿精神，但這行動最終導致社會—宗教領袖要除滅耶穌（可十一 18）。在凶惡園戶的比喻裏（可十二 1 ～ 11），惡園戶要霸佔園主的葡萄園，於是將園主的僕人一一殺害，最後連園主的兒子都殺死，經文接著説：「匠人所棄的石頭已作了房角的頭塊石頭」（可十二 10）。這裏的意思是，社會—宗教領袖所殺害的耶穌，其實就是聖殿中最重要的房角石，就是用來將殿裏其他石頭鎖在適當位置，確保聖殿不會移位的石頭。耶穌扮演著聖殿中最重要的角色。在馬可福音十三章 1 至 2 節中，耶穌也預言這個由社會—宗教領袖所領導的宏偉聖殿，將來沒有一塊石頭留在石頭上，不被拆毀，意即這「賊窩」聖殿將會被徹底拆毀。公會審訊一幕，有人作假見證控告耶穌，誣告耶穌曾説：「我要拆毀這人手所造的殿，三日內就另造一座不是人手所造的」（可十四 56 ～ 59；參十五 28）。前文已分析過，這雖是假見證，卻是真預言，耶穌將會以祂的死亡及復活來拆毀這人手所造的「賊窩聖殿」，並建立不是人手所造的「萬國禱告的殿」。當然，耶穌真正關注的，其實不是「人手所造」的建築物，而是「不是人手所造」的聖殿精神。耶穌最後斷氣時，殿裏的幔子從上到下裂為兩半（可十五 38）。這句描述充滿了弔詭的思想：究竟是哪個聖殿的幔子破裂？是誰在拆毀誰的聖殿？表面上，現在是社會—宗教領袖拆毀耶穌這聖殿，是耶穌聖殿的幔子裂開了；但事實上，這是耶穌以祂的死亡去拆毀社會—宗教領袖的虛假聖殿，使他們聖殿的幔子裂開！換句括說，耶穌是透過他們對祂的拆毀來拆毀他們，透過他們的勝利去勝過他們。

究竟耶穌如何透過祂的死亡去拆毀社會—宗教領袖的聖殿？耶穌為要回復聖殿原初精神，直指社會—宗教領袖的邪惡，卻因為直接威脅他們的既得利益，以致遭到他們的反對及殺害。而十字架就是宗教領袖遏止耶穌言行並滅聲消音的武器。面對這威脅，門徒都因恐懼而選擇放棄，在十字架前銷聲匿迹：彼得曾帶頭信誓旦旦地對耶穌說：「我就是必須和你同死，也總不能不認你」（可十四 31），可是當面對公會大祭司的使女及僕人無傷大雅的提問，他卻發咒起誓三次不認主（可十四 66～72）。雅各及約翰要求在耶穌的榮耀裏，一個坐在耶穌右邊，一個坐在耶穌左邊（可十 37），耶穌回問他們：「我所喝的杯，你們能喝嗎？我所受的洗，你們能受嗎？」他們豈不同聲説：「我們能。」（可十 38～39）可是在十字架上，在耶穌右邊及左邊的卻不是雅各和約翰，而是兩個強盜（可十五 27）。施洗約翰死後，有門徒把他的屍首領去，葬在墳墓裏（可六 29），可是耶穌死後，來領耶穌屍首的卻不是祂的門徒，而是亞利馬太的約瑟（可十五 42～46），請問門徒又去了哪裏？門徒的不在場，足以說明十字架的威嚇是何等嚴峻真實，縱然誓神劈願地説要跟從耶穌，不會不認祂，結果都是不知所蹤。在十字架的威脅下，門徒不能實現「體貼上帝」及「萬國禱告的殿」的精神，全都跌倒了（可十四 27），而勝利的是社會—宗教領袖。十字架能使門徒退縮畏懼，卻不能使耶穌跌倒認輸；相反，祂主動挑戰權勢，可辯而不辯，可避而不避，可走而不走，在十字架的恐嚇下仍面無懼色，這對比怯懦的門徒，耶穌卻顯出一份敢死的莫大勇氣，為的是要維護及彰顯上帝國及聖殿精神，讓大地回復美好秩序。在這無懼死亡的勇氣下，社會一宗教領袖所安排的十字架威嚇，顯得蒼白無力，連死亡也不害怕，還有甚麼勢力可以阻止這聖殿的精神重建與擴展？連性命都可捨棄，可見聖殿精神在耶穌心中是何等重要，無可取代，因為聖殿象徵著上帝創造的世界，聖殿精神是上帝的創造秩序，是上帝對人類的期望及心意，關乎著全人類存在的福祉，而耶穌的死就是為要回復這神聖的普世價值。耶穌的死亡讓恐懼無地自容，它不僅不是一種失敗，它根本就是一種勝利，能粉碎邪惡的威嚇，讓聖殿的真精神得以屹立長存。最後，耶穌的復活更是「勝上加勝」——在復活中，死亡的威脅進一步被消解，最終完全被消亡。復活是宣告死亡威脅的死亡，是最終的勝利，讓跌倒的門徒可以重拾跟從的勇氣。

四、結語：魔高一呎，道高千丈

「人子『必須』受許多的苦，並且被殺、過三天復活」。這「必須」是上帝的心意，是上帝的計劃，「必須」是為要更全面更徹底地揭示基督的精神，並透過敵人的「勝利」，一步步將耶穌粉碎邪惡勢力的大能表露無遺。

今天，我們是在走「體貼人」抑「體貼神」的道路？我們是在「人手所造的殿」抑「不是人手所造的殿」中敬拜？我們是在朝往「捨己背十字架」抑「賺得全世界」的方向行？我們是在跟從「基督」抑「撒但」？魔高一呎，道高千丈，上帝的意念高過人的意念，眼前雖可能盡是黑暗，但笑到最後的必定是跟從基督、實踐基督精神的人。

> 凡在這淫亂罪惡的世代，把我和我的道當作可恥的，人子在他父的榮耀裏，同聖天使降臨的時候，也要把那人當作可恥的。（可八 38）

思考問題

1 這裏的「強盜」是指那些為維護自己利益，做盡一切壞事的人，當有人威脅到他們的利益時，可能會用盡一切手段去除滅對方。今天我們懂得分辨誰是真正的強盜嗎？

2 強盜當前，我們會如何選擇？站在強勢但不義一方，抑站在正義一方？

3 有時邪惡囂張，上帝好像不存在一樣，這時我們能有這種超越的眼光，明白「魔高一尺，道高千丈」，在絕望背後，看見真正掌權的是上帝嗎？

4 我們作為耶穌的門徒，面對種種患難逼迫時，有否堅持彰顯這種十字架所象徵的天國價值？抑或像耶穌的門徒一樣，在威脅來到時全都跌倒四散？

5 耶穌最關心的，不是聖殿的外在禮儀活動，而是它有否彰顯萬國禱告的殿的精神，踐行天國價值。今天我們到聖殿敬拜時所關心的是甚麼？是敬拜音樂是否專業？講道是否精彩？見證是否感人？還是能否明白上帝的心意，並在生活上實踐出來？我們的聖殿有「基督」作房角石嗎？

實踐

真正的信仰不只講究與耶穌基督的個人關係，更加要有耶穌基督的「精神」。彼得與耶穌雖然有個人的關係，但他仍然被耶穌責備為撒但，只因他心底想著的，仍是「體貼人」的價值觀，跟基督的精神背道而馳。若我們自稱認識耶穌，稱祂為「基督」，或自稱是「基督徒」，就必須活出「基督」的精神，不但知悉祂喜歡甚麼，恨惡甚麼，更要將之在生活中實踐出來，才是真正的「基督」徒。

說到底，耶穌基督自己也為了實踐聖殿/基督精神，而賠上生命，被敵對者迫害。換句話說，耶穌基督寧願捨棄寶貴的生命，也要彰顯出這種精神，可見這精神對耶穌來說是何等重要。耶穌正正呼召門徒走同樣的路：「人若跟從我，就當捨己，背起他的十字架來跟從我。」事實上這條道路不易走，門徒一個一個的跌倒了，他們「心靈願意，肉體軟弱」。耶穌能走上十字架，意味著祂突破了種種軟弱，超越了一切恐懼。就是死亡的威嚇也不能攔阻耶穌彰顯聖殿/基督精神，祂為門徒作出了一次完美的示範，叫門徒將來可以有勇氣面對一切患難逼迫。今天，當我們要跟從耶穌基督，是否已有這種認知及準備？

06 盼望
Hope

亂世中的終末盼望
——患難逼迫中的黎明？

所謂 傳 福音 作 見證，

其實 就是 在地上

好好

實踐 並

拓展 天國 的 價值，

做忠心的僕人，
直到耶穌再來時，進入美好的國度。

我們都相信萬事盡在上帝手中，如前章所說，「魔高一呎，道高千丈」，仗著十字架的力量，一切終將撥亂反正，回到上帝創造所定旨的美好秩序。只是當我們身處重大的羣體危機、社會動盪、逼迫患難，又如何懷有盼望，忍耐堅持？事實上，聖經不乏這類亂世中患難逼迫的記載，而這些記載更不止於客觀地記錄歷史，更旨在指導上帝的子民如何在患難中知所應對，保持盼望。下文我們將闡述馬太福音二十四章耶穌在亂局中所作出的終末教導，並與大家一起思考患難逼迫的來龍去脈、成因及結果，以及門徒該如何面對等，期望藉此叫我們得著勇氣，更曉得在患難中自處。

一、患難之將臨：終末教導的背景

耶穌為要彰顯天國的價值，走遍各城各鄉，最終走到猶太人的權力核心地區耶路撒冷，並在最具神聖象徵的聖殿中作出激烈的行動，因為猶太人將「禱告的殿」變成「賊窩」（太二十一 12～13；另參本書第五章）。其後，權勢分子——祭司長、民間長老、法利賽人、希律黨人、撒都該人、律法師及文士等，相繼以「車輪戰」方式挑戰及質問耶穌，以求將耶穌壓下來。但耶穌辯才無雙，將他們一一駁斥得啞口無言（太二十一 23～二十二 46），且更痛罵責斥當時社會的精英分子文士和法利賽人，瞎眼領路，假冒為善，是粉飾的墳墓、毒蛇之種，流義人血的等，耶穌譴責他們的不義之行，並警告他們將會受到終極的審判（太二十三章）。早在耶穌於安息日醫治枯手的人時，法利賽人已經商議要怎樣除滅祂（太十二 9～14），現在耶穌痛罵他們，他們更是怒火中燒，而其他領袖亦因耶穌的「惡行」，想要計劃如何將祂除滅（參太二十七 20）。來到馬太福音二十四章，耶穌給門徒的終末教導便出現了。因此，馬太福音二十四章的背景是：

耶穌即將面對死亡（十字架），而門徒也被呼召要跟從祂走上這道路（太十六24），由此，耶穌在離開前便預告門徒將臨的景況，並教導他們該以甚麼心態面對。

二、患難的景況：門徒將要面對的挑戰

1. 聖殿將要被拆毀：邪惡世代的完結（太二十四1～3）

當門徒把聖殿指給耶穌看，耶穌對他們說：「將來在這裏沒有一塊石頭留在石頭上，不被拆毀了。」於是門徒問了兩個問題：「這些事將會是甚麼時候？」及「甚麼是你再來及世代完結的記號？」（筆者翻譯）要留意的是，門徒將聖殿被毀與耶穌的「再來」及「世代完結」連上關係，其公式就是：聖殿被毀＝世代終結＝耶穌再來。

首先，門徒將聖殿等同世代，亦即是說，聖殿就是當時世代的象徵，聖殿的精神就是一個世代的精神，聖殿的價值觀就是一個世代的價值觀，而耶穌卻不止一次形容祂所身處的世代是「邪惡淫亂」的世代（太十二39，

十六4）。如果耶穌身處的世代是「邪惡淫亂」，而祂所搗亂的聖殿則是一個「賊窩」，那麼兩者便是混而為一，彼此互為理解的了。而且，耶穌每次說「邪惡淫亂的世代」時，都是指著社會—宗教領袖說的（太十二38～39，十六1～4），這便帶出一個很重要的信息，就是一個世代的價值形態如何，跟社會的領袖息息相關；有時，領袖如何，世代也如何，不同時代的領導，可能會塑造出不同價值形態的世代。聖殿應是讓人得安息的「禱告」的殿，現在卻因社會—宗教領袖的帶領而變成「賊窩」；世代本應因著社會—宗教領袖的帶領而變得美好，現在卻因他們的墮落變成「邪惡淫亂」。因此，耶穌要潔淨聖殿，這邪惡淫亂的世代也要完結。

甚麼時候這邪惡淫亂的世代才會完結？門徒認為就是耶穌再來之時。早在馬太福音十章，耶穌已教導門徒，他們將會遇到患難逼迫，並吩咐他們要忍耐到底（太十22），這「底」（*telos*）原文跟二十四章的「終局」（*telos*）是同一個詞，指耶穌的再來。所以，門徒早已有這終局的觀念，現在是把這觀念與聖殿及世代連結起來。換句話說，邪惡淫亂的世代要到耶穌基督再來才會正式完結；耶穌一天未回來，這邪惡淫亂的世代仍會繼續。

門徒問耶穌這世代完結時會有甚麼記號。《和合本》將「記號」（*sēmeion*）這詞譯為「預兆」。可能受這翻譯的影響，傳統解釋會將接續下來的種種患難視為耶穌再來的預兆，用來預測耶穌何時再來。但這理解是錯誤的，耶穌再來的「記號」（*sēmeion*）及其現象明顯要到 29 至 30 節才出現，之前的患難並不是耶穌再來的預兆，耶穌也清楚告訴門徒祂再來的那日子那時辰沒有人知道，連耶穌自己也不知道，惟有父知道（太二十四 36），所以將這「記號」理解為「預兆」正與耶穌的教導背道而馳。

2. 領袖為患難之源：誰是假基督／假先知？（太二十四 4～29）

馬太福音二十四章 4 至 29 節的結構如下：

A　要謹慎假基督的迷惑（4～5 節）

B1 患難：國際間的患難（6～8 節）

B2 患難：門徒受逼迫（9～14 節）

B3 患難：宗教的迫害（15～22節）

A' 不要信假基督／假先知的迷惑（24～26節）

從這結構看到，謹慎假基督／假先知是首尾呼應的（4～5、24～26節），而中間包含著三種不同性質的患難。這文學結構告訴我們，中間這三種患難與首尾呼應的假基督／假先知息息相關，甚至可以說，這些患難是由假基督／假先知所造成的，是人禍。

那麼，假基督／假先知是誰？傳統的解釋喜歡去猜想誰是末世時的假基督／假先知，但嚴謹的解經，卻必須回到耶穌和門徒的時代處境去理解誰是假基督／假先知。早在馬太福音七章，「登山寶訓」結束時，耶穌已呼籲跟從祂的人要防備假先知，這些假先知外面披著羊皮，裏面卻是殘暴的狼（太七15）。眾所周知，「登山寶訓」主要是針對文士和法利賽人而說的，「你們的義若不勝於文士和法利賽人的義，斷不能進天國」（太五20）。因此，在這段落，耶穌所說的假先知便很清楚是指向當時的社會—宗教領袖——文士和法利賽人。到馬太福音二十四章，耶穌叫門徒防備假基督／假先知，無獨有偶，在呼籲門徒小心假先知前，耶穌痛罵的正是同一班人——文士和法利賽人（太二十三章），而再之前所抗衡的是不同的社會—宗教領袖（太二十一、二十二章）。我們可以得出一個結論：這裏的假基督/假先知主要是指當時的社會—宗教領袖，並往後具有同樣形態特性的人物。他們的外表好像很美好，裏面卻是充滿惡毒。

耶穌對他們的批斥十分不客氣，祂責備他們把難擔的重擔捆擱在人的肩上，自己一個指頭也不動。耶穌又說他們喜愛筵席上的首座，會堂裏的高位；把天國的門關了，自己不進去，正要進去的人，也不容他們進去；洗淨杯盤的外面，裏面卻盛滿了勒索和放蕩；在人前，外面顯出公義，裏面卻裝滿了假善和不法的事。祂說：「我差遣先知和智慧人並文士到你們這裏來，有的你們要殺害，要釘十字架；有的你們要在會堂裏鞭打，從這城追迫到那城」（太二十三章）。這些都是耶穌所形容的假基督/假先知的特性，正因為有這些人「迷惑」眾人，自己瞎眼卻領人走路，愛坐高位首座，為求自保利益而迫害打壓義人，結果造成社會上種種的患難。在這裏，耶穌說出災難的源頭正是這些外表光鮮，內裏污穢的精英領導分子。

3. 三重患難的挑戰（太二十四6～22）

A. 患難（一）：國際間的災難（太二十四6～8）

假基督/假先知的基本價值觀，就是可以為得權位利益而行盡不義，當有人要起來追求公義，或是其他假基督/假先知起來爭逐利益，衝突便在所難免，於是人便會聽見打仗的風聲，看到民要攻打民、國要攻打國等現象。今天世界和社會的各種衝突，於屬靈層面上，究其原因，都是因為假基督/假先知將世代變得邪惡淫亂所致。至於多處必有饑荒地震，正是打仗之後隨之而來的後果，放於今天的社會，則可能是經濟蕭條、失業率上升等。

B. 患難（二）：門徒受逼迫（太二十四9～14）

> 那時，他們將會把你們交進患難中，並將會殺害你們，你們將因我的名被一切外人恨惡。那時，

你們許多人將會被絆跌，並將要彼此交出，並彼此恨惡；並且有許多假先知起來誤導許多人。（太二十四 9～11，筆者翻譯）

經文中的「那時」及「你們」再一次告訴我們，耶穌主要不是在說將來的事，而是在說門徒當時會遇到的事。門徒遭患難迫害的源頭同樣來自那些要迫害耶穌的人及後來反對基督信仰的人。門徒受迫害的原因是「因我的名」——當門徒在邪惡淫亂的世代堅持彰顯天國的價值，邪惡分子因要維護其利益及權勢，會不擇手段，用盡一切方法去打壓門徒，包括把他們陷在患難裏，恨惡他們，將他們交出，甚至殺害他們。這些迫害的原因在這裏再次被提及，是因為當時有好些假先知起來，迷惑多人。

C. 患難（三）：宗教的迫害（太二十四 15～22）

耶穌引用了一個猶太人熟悉的典故：在但以理書九章 25 至 27 節，因子民違背律法，有一外邦軍隊來毀滅耶路撒冷和聖殿，要使那裏的祭祀與獻祭止息，並在聖殿裏設立那「使地荒涼可憎之物」。這是一種宗教的摧殘及迫害。這種迫害十分嚴厲，信徒甚至要立即逃亡，一刻都不能延遲（參太二十四16～20）。這裏的迫害當然是由假基督／假先知引發的，他們正是衝著其反對者而來。因著假基督的誤導，人類可能要面對很極端的挑戰。

三、患難逼迫中的黎明

假基督／假先知所帶來的亂世，的確可怖。然而，耶穌在預示門徒將要面對的患難之時，卻滲透出叫人振奮的曙光，讓門徒有正確的心態及勇氣去面對。

1. 患難是必須有的

首先，當耶穌對門徒說民要攻打民之時，祂同時告訴他們：總不要驚慌，因為**這些事是必須有的**，只是終局還沒有到（太二十四6）。雖然世局將變得紛亂，但不用驚慌，因為這些事是必須有的。這「必須」（*dei*）的講法，大部分解經家都會視之為「神聖的必須」（divinity necessity），這就像耶穌向門徒預言祂要受苦時所說的，祂「必須」（*dei*）上耶路撒冷，受長老、祭司長、文士許多的苦，並且被殺，第三日復活（太十六21，另參本書第五章）。這「必須」意指上帝的心意，上帝的計劃，即一切都在上帝的掌控中。在亂世的患難裏，人往往覺得上帝不存在，覺得上帝見死不救，但這「必須」卻告訴我們，原來這些患難都在上帝的掌管計劃之中，祂是知道的，祂非但不是不存在，而且世界更是按照祂的計劃而行。只是終局還沒有到。這「終局」（*telos*）指到耶穌基督的再來，而邪惡淫亂的世代要等到耶穌再來之時才會完全結束。

2. 患難是「產痛」

耶穌繼續為這些患難的性質作出界定。祂告訴門徒這是「**產痛**」的起頭（太二十四8，「災難」原文是 *ōdin*，即「生產之難」）。原來現在的患難，在耶穌眼中是「產痛」（*ōdin*）。產痛這圖畫叫人聯想到一個母親生產孩子的複雜心情，既是痛楚，特別是生產的一刻的十級痛楚，但其心情同時是喜悦的，因為孩子將要出生了。耶穌用這比喻來形容門徒在亂世中將要遇見的患難，要他們學懂這些患難的性質——現在既是痛楚，但同時也帶著喜悦的盼望；這些痛楚是孩子出生時「必須」經歷的過程，當耶穌再來之時，一切都會變得光明美好。

3. 在患難中忍耐到底

然後，祂告訴門徒要**忍耐到終局**，必然得救（太二十四13）。正如產婦一樣，在產痛中只有堅忍，直到孩子出生；照樣，門徒在患難中也要堅守天國的價值，直到耶穌再來。我們先看看耶穌再來的景象：那些日子的災難一過去，日頭就變黑了，月亮也不放光，眾星要從天上墜落，天勢都震動。那時，人子的記號要顯在天上，地上的萬族要哀哭。他們要看見人子，有能力，有大榮耀，駕著天上的雲降臨。祂要差遣使者，用號筒的大聲，將祂的選民，從四風，從天這邊到天那邊，都招聚了來（太二十四29～31）。日頭變黑，月亮不放光等現象旨不在強調大自然的反常，這些描述其實是舊約聖經的審判語言。按以賽亞書十三章9至13節，當時先知是在論述對巴比倫的審判：

> 耶和華的日子臨到，必有殘忍、忿恨、烈怒，使這地荒涼，從其中除滅罪人。天上的眾星羣宿都不發光；日頭一出就變黑暗；月亮也不發光。我必因邪惡刑罰世界，因罪孽刑罰惡人，使驕傲人的狂妄止息，制伏強暴人的狂傲……我萬軍之耶和華在忿恨中發烈怒的日子，必使天震動，使地搖撼，離其本位。

孩子出生前一刻，正是邪惡受終極審判之時，然後孩子便光榮出生了——上帝的子民被招聚，與上帝一起共享天上的筵席！最後的結局是光明美好的，但過程則要很多的忍耐，很多的堅守。

在這忍耐堅守的過程中，有兩點要注意：(一)忍耐堅守的時間，可能會超越了我們肉身生命的年限。我們不知道耶穌何時回來，可能在我們今生，也可能在我們死後，但無論如何我們都要堅忍到耶穌再來的終局。其實耶穌之前對門徒論及類似課題時，也說過那殺身體，不能殺靈魂（原文是生命）的，不要怕他們；惟有能把身體和靈魂（生命）都滅在地獄裏的，正要怕他（太十 28）。這裏所說殺身體不能殺天國價值生命者，按上文是指到迫害門徒的人，他們可以殺害門徒的身體，即門徒的確會喪失今生的生命，但不要怕他們。對耶穌來說，今生的肉身並不是我們終極的關懷，屬上帝的生命才是最重要的。同樣，這裏門徒的堅忍要超越今生肉身的視野，認定終極的盼望不在今生，而在將來的終局。具備這超越的眼光，人才不會害怕死亡，不會因死亡的威嚇而向邪惡低頭。（二）在這過程中，門徒要堅守甚麼？這天國的福音要傳遍天下，對萬民作見證，那時終局將會來到（太二十四 14）。門徒要堅守的是將天國的福音傳遍天下，對萬民作見證，也就是堅持將天國的價值，將上帝的意旨在地上傳播。用馬太福音二十四章末到二十五章的核心觀念來說，那就是作忠心的僕人；而忠心最具體的表達，就是綿羊山羊的比喻（太二十五 31～46）。人子在祂榮耀裏，同著眾天使降臨的時候，坐在榮耀的寶座上，萬民聚集在祂面前，祂要把他們分別出來，那些右邊的綿羊能夠承受那創世以來為他們所預備的國，因為他們在弟兄中一個最小的身上，當有需要時給他們吃、喝、住、穿、探望、照顧；那些左邊的山羊要進入為魔鬼和他的使者所預備的永火裏去，因為在這弟兄中一個最小的身上，當有需要時沒有給他們吃、喝、住、穿、探望、照顧。所謂傳福音作見證，其實就是在地上好好實踐並拓展天國的價值，做忠心的僕人，直到耶穌再來，進入美好的國度。

四、結語：放眼永恆，盡忠今生

面對亂世，我們可能心裏有很多疑惑：上帝是否存在？為何邪惡可以如此猖狂無道？今生的一切，價值為何？社會是否再沒有將來？我們今天應當做甚麼？我們還有甚麼盼望嗎……？但馬太福音二十四章為今天亂世中的信徒描繪出一幅很清晰的圖畫：亂世的成因、亂世會遭遇的患難、亂世中的安慰、亂世中的定位、亂世中的盼望、亂世中的職責等。有了這幅圖畫，我們可以知道上帝的心意，並可以有力量積極面對未來的一切，因我們清楚知道歷史的走向將如何發展，歷史的終局將如何發生，笑到最後的到底是誰！「放眼永恆，盡忠今生」應是我們今天面對亂世的態度吧！

思考問題

1. 一個時代的領袖有可能會塑造出一個世代的氣質，有怎樣的領袖，可能就有怎樣的世代。你認為今天的「領袖」塑造了一個怎樣的世代？耶穌用「邪惡淫亂」來形容祂當時的世代，你會怎樣形容當今的世代？
2. 聖殿象徵著世代，而聖殿應是美好世代的典範，並由自身開始，帶領世界走向合神心意的道路，讓世界大地變得美好。今天我們在「聖殿」敬拜的人有否這份醒覺？我們的「聖殿」有否關心世界，甚至帶領世界的價值觀走向美好？抑或被世界所影響所主導，反而跟從了世界的價值觀？
3. 假基督、假先知披著羊皮的外衣，誤導迷惑耶穌時代的人。他們的價值觀與上帝的心意背道而馳，為世界帶來了極大的傷害。今天在我們的社會，有沒有這些「假基督、假先知」，以美善的外表迷惑誤導羣眾，將羣眾帶到遠離上帝心意至萬劫不復的境地？我們有沒有足夠的智慧去辨認誰是假基督、假先知？

實踐

今天，不少人因為堅持天國價值而被打壓，甚至被逼迫，令人很多時都覺得看不見將來。只是，耶穌教導我們不要單看眼前，而要有超越的眼光去看終極的將來。耶穌教導我們，看生命的視野不應只局限於今生，今生的結束並不等如生命的結束。雖然今生可能挑戰重重，但從永恆的角度來看，這只是生孩子前的陣痛，最終這短暫的陣痛會過去，並且會迎來一個讓人永恆喜樂的將來，關鍵是我們今生有否忠心於上帝的教導，將天國種種價值實踐出來。上帝最關心的，不是我們所做的有沒有所謂果效，而是我們有沒有忠心警醒，作良善忠僕。我們都是很有限的人，能改變的東西不多，終極的結果一切在上帝。當我們盡忠之後，我們只管安心察看上帝在這歷史中怎樣作工，怎樣為世界帶來最終極的公義，讓跟從祂的人可以永享美好的福樂。

代跋

「凡動刀的，必死在刀下」——一個對暴力的高貴節制

根據多年的觀察，教會及信徒其中一個最嚴重的釋經錯誤，就是完全不理會經文出現的處境脈絡（context），將經文抽離原初的處境，然後任意聯想，望文生義，經文就從原本應受限制的理解中被「釋放」出來，成為放諸四海皆準的應用。誰不知這「釋放」卻是毀掉經文原意的元兇，並可帶來災難性的後果。例如「凡祈求的，就得著；尋找的，就尋見；叩門的，就給他開門」（太七8），經文原本處境是指凡祈求「登山寶訓」（太五～七章）內所教導的「好東西」（太七11），就會得著，而不是祈求「任何東西」都會得著。當抽離原初處境而相

信凡事「祈求就得著」時，問題遲早會出現，因為生命總會遇見「祈求卻得不著」的狀況，那時就會迫著搬出其他觀念來解釋，例如是因為妄求，或信心不夠所以才得不著等等。信徒本來好端端的，卻因為錯誤的理解，無端為生命帶來妄求或不夠信心的「罪名」，於是覺得自卑，覺得自己靈性不好……長此下去，靈命「抑鬱症」及「神經衰弱」便指日可待。聖經中沒有經文是沒有處境的，處境控制著經文詮釋的方向及性質；要準確掌握經文意思，必須以其上下文的處境脈絡來理解。

耶穌所說的「收刀入鞘吧！凡動刀的，必死在刀下」（太二十六52）是另一個很好的例子，足以說明從處境脈絡了解聖經之重要，特別是論到聖經對暴力的看法。因篇幅所限，這裏無意全面考究聖經的武力觀，下面只想探討在馬太福音的處境中，這句說話的意思究竟是甚麼。**經文的處境**是這樣：最後晚餐後，耶穌帶著三個門徒到客西馬尼禱告，並囑咐他們要警醒禱告。祭司長、長老及文士等宗教領袖早就因耶穌威脅破壞他們的地位及既得利益，一心想要除滅祂（太十二14，十六21，十七23，二十一38，二十六4，二十七20），現在透過猶大的通風報信，便派人帶著刀棒來捉拿祂。耶穌對猶大說：「朋友，你來要做的事，就做吧」(太二十六50)。要留意的是，這表明耶穌完全知悉猶大及宗教領袖的計謀，而事實上祂早已預言自己會被宗教領袖及外邦政權殺害(太十六21，十七22～23，二十18～19)。換句話說，宗教領袖的行動，其實可說是在上帝的計劃之內，如本書第五章所言，表面上是宗教領袖在實現他們邪惡的計謀，可事實上上帝正透過他們的計謀成就祂的計劃。真正主導的是上帝自己。

當那些人上前下手拿住耶穌的時候，跟隨耶穌的一個人伸手拔出刀來，向大祭司的僕人砍了一刀，削掉了他一個耳朵(太二十六51)。這個跟隨耶穌的人雖然動機良好，為保護耶穌而一心要制止敵人捉拿祂，但他的行動卻阻礙了上帝的計劃——我們看看**耶穌的反應**：「收刀入鞘吧！凡動刀的，必死在刀下。你想，我不能求我父現在為我差遣十二營多天使來嗎？若是這樣，經上所說，事情必須如此的話怎麼應驗呢？」(太二十六52～54)從整段敘事的處境脈絡和耶穌的反應，我們可以有甚麼啟迪？

首先，耶穌說**動刀便不能使經上的話應驗**（二十六54），這是指著最後晚餐時耶穌對門徒所說的：「我要擊打牧人，羊就分散了」（太二十六31；參亞十三7）。上帝的心意是要擊打耶穌，門徒要分散。若上帝的心意是要耶穌受死，那麼阻止敵人捉拿耶穌，不讓耶穌受死，就是與上帝的計劃背道而馳了。

其次，耶穌說：「收刀入鞘吧！凡動刀的，必死在刀下。」一般對這句話的理解多停留在不要訴諸武力。當然表面上的確可以這樣理解。但耶穌說這句話之時，是否有其他深意可能是我們忽略了的呢？我們要注意一點：表面上，這句話是耶穌向削掉別人耳朵者說的，但請不要忘記，**當時拿著刀的不止一人**——還有那些宗教領袖派來的人，他們都是拿著「刀棒」的！所以「收刀入鞘吧！凡動刀的，必死在刀下」這句話，不單單停留在叫人不要訴諸武力，同時也是用來警告手握權力者，叫他們心存警惕，知道濫用武力必自招惡果。

此外，耶穌叫那人收刀入鞘的原因是：「你想，我不能求我父現在為我差遣十二營多天使來嗎？」一營軍隊有六千士兵，十二營即有七萬二千士兵。若要講武力，宗教領袖及其黨羽遠遠不及耶穌的陣營；要除滅他們，對耶穌來說其實易如反掌。事實上，按聖經所記，**上帝的確用過很多「暴力」的方法，去消滅邪惡勢力**，如洪水滅世，十災滅法老勢力，吩咐摩西擊殺三千個拜金牛犢的子民，亞倫的孫子非尼哈用槍刺死在營中行淫的男女而得著上帝的稱讚，吩咐子民殺盡邪惡的迦南族人，而耶穌亦以權柄吩咐污鬼離開，叫污鬼受苦等⋯⋯上帝用「暴力」方法消滅邪惡的例子，在聖經中比比皆是，將來耶穌回來，也要將不信的「扔」在火湖裏，這「扔」不會是很客氣的吧。既是這樣，耶穌說若動用十二營天使來消滅宗教領袖，便不能成全上帝的心意，原因何在？這就要回到一個很基本的問題：耶穌到來的目的，是要將天國帶來大地，並希望人能回轉悔改，回到天國的價值觀當中。這天國的價值有如珍珠寶藏般珍貴（太十三 44 ～ 45），能給世界帶來公義平安，可這卻成了宗教領袖及一切敵擋上帝之人的威脅及挑戰。他們為了繼續享受他們的既得利益及地位身分，便用盡一切方法，質問、挑戰、抹黑、辯論、設局、試探、作假見證、誣蔑、煽動羣眾等，誓要打壓這個彰顯天國價值的耶穌，決意將這「眼中釘」除掉。而天父的計劃就是「將計就計」，你們既要殺害耶穌，耶穌便「死界你睇」，以不怕死的勇氣，昂首迎向「十字架」，以宣告死亡的威脅不能勝過天國的價值。縱然在十字架面前，門徒一一跌倒退縮，連彼得也三次不認主，但耶穌卻勇敢地迎戰這死亡的威嚇，成為一切跟從祂的人的榜樣，並透過祂的死和復活，叫一切跟從祂的人得著力量和勇氣，可以堅持宣講天國的福音。這就是上帝的計劃。若耶穌動用十二營天使，立時將宗教領袖殲滅，十字架的無上精神便無法展現，門徒也無法從中得到學習，人性也沒法因耶穌的犧牲而得著改變更新。

總括而言，這裏耶穌不訴諸武力，是要在這崇高的精神價值的處境上來理解的：**有權力而不使用，為要成就更高的精神價值，這是對暴力一種高貴的節制情操。**而「收刀入鞘」更是對當時宗教領袖的一個提醒，那就是為了成就更美好的價值，這種對力量的高貴節制才是正道。在電影《舒特拉的名單》（*Schindler's List*）中，德國軍官長阿蒙槍殺了一個猶太人，就如踩死一隻蟻般無意識無感覺，他認為「控制就是權力」（control is power）。舒特拉見狀，就對他說了以下一番話：「他們懼怕我們是因為我們毫無節制的亂殺人。如果一個人是因為犯了重罪遭到懲罰，那是他罪有應得，如果我們讓他被處死，那是一件令人開心的事，但那不是權力，那只是公義，跟權力是兩回事。權力是當我們有絕對的理由去殺生，我們卻不去殺。這是古代帝王的風範，一個人犯了偷竊的罪，被帶到帝王的面前，他仆倒在地，懇求帝王饒他一命，他知道自己必小命不保。結果帝王饒恕了他，帝王饒恕了一個微不足道的人，那才是權力，那才是權力！」

為更高的善去制約自己的權力，才是真正的權力，這是每一個手握權力者不得不察的道理。

緊扣時代 服事教會

以文字傳揚基督真道

讀者意見表

衷心多謝你購買本社書籍。本社一直致力以出版事工服事教會，幫助信徒扎根於神的話語，促進靈命增長。為使我們的出版更能滿足你的需要，請填寫下列各項資料，並寄回或傳真予本社。

所購書籍：＿＿＿＿＿＿＿＿＿＿

本書最吸引你的地方：

☐作者　☐適切性　☐文筆　☐設計　☐實用性

☐其他：＿＿＿＿＿＿＿＿＿＿

購買本書地點：

☐基道書樓　☐基督教書店　☐非基督教書店

性別：☐男　☐女　職業：＿＿＿＿＿＿＿＿

信仰：☐基督徒　☐非基督徒

年齡：☐16歲或以下　☐17～25歲　☐26～35歲

☐36～55歲　☐56歲或以上

學歷：☐中三或以下　☐中五　☐預科

☐大學　☐研究院

☐我欲更多了解基道出版社的事工及考慮支持，請寄給我下列資料：

☐機構簡介　☐新書資料　☐基道會員通訊

☐《基道文字事工通訊》

姓名：＿＿＿＿＿＿＿＿＿＿電話：＿＿＿＿＿＿＿＿

地址：＿＿＿＿＿＿＿＿＿＿＿＿＿＿＿＿＿＿

＿＿＿＿＿＿＿＿＿＿＿＿＿＿＿＿＿＿

傳真：＿＿＿＿＿＿＿＿　電子郵件：＿＿＿＿＿＿＿＿

其他意見：＿＿＿＿＿＿＿＿＿＿＿＿＿＿＿＿

＿＿＿＿＿＿＿＿＿＿＿＿＿＿＿＿＿＿＿＿

多謝賜教！

基道出版社

意見表可以傳真（2687-0281）或直接郵寄以下地址：

香港沙田火炭坳背灣街26號富騰工業中心1011室

基道出版社編輯部收